Hans-Peter Wild
Capri-Sonne

Hans-Peter Wild

Capri-Sonne

Faszination einer Weltmarke

𝔉𝔯𝔞𝔫𝔨𝔣𝔲𝔯𝔱𝔢𝔯 𝔄𝔩𝔩𝔤𝔢𝔪𝔢𝔦𝔫𝔢 Buch

Die Deutsche Bibliothek – CIP-Einheitsaufnahme

Ein Titeldatensatz für diese Publikation ist bei
Der Deutschen Bibliothek erhältlich.

Frankfurter Allgemeine Zeitung
Verlagsbereich Buch

© Frankfurter Allgemeine Zeitung GmbH
60267 Frankfurt am Main
Alle Rechte, auch die des auszugsweisen Nachdrucks, vorbehalten.
Gestaltung: F.A.Z.-Marketing/Grafik
Herstellung: Druck & Beratung E. Schäfermeyer, Hanau
Erste Auflage 2001

Das Werk einschließlich seiner Teile ist urheberrechtlich geschützt. Jede Verwertung außerhalb der engen Grenzen des Urheberrechtsgesetzes ist ohne Zustimmung des Verlages unzulässig und strafbar. Das gilt insbesondere für Vervielfältigungen, Übersetzungen, Mikroverfilmungen und die Einspeisung und Verarbeitung in elektronischen Systemen.

ISBN 3-89843-036-7

*Gewidmet meiner Mutter Leonie Wild
und ihrem Leitspruch, der auch mein Leben prägte:*

*Ich träumte, das Leben sei schön,
ich erwachte und sah, das Leben ist Arbeit,
ich arbeitete und fand, das Leben ist Freude.*

Inhalt

Vorwort   9

Faszination Capri-Sonne   15
WILD weltweit:
  Die Unternehmensgeschichte im Überblick   23
Eine Idee wird geboren   29
Pionierzeit   35
Erste Abenteuer unter heißer Sonne   43
Auf dem Weg zur modernsten Technik   53
Mit neuer Maschinengeneration in die Welt   63
Herausforderung Markt – Kampf um die Marke   69
Marketingkonzepte für den guten Geschmack   83
Mit dem Charisma des Champions   95
Going global   105
Unterwegs rund um den Globus   123
Im Land der aufgehenden Sonne   141
Go west – die Überraschung in der Neuen Welt   149
Quintessenz und Firmenphilosophie   161
Capri-Sonne: Eine chronologische Übersicht   169
Capri-Sonne in der Kunst   174

Der Autor   176

Vorwort

Capri-Sonne kennt heutzutage jedes Kind. Beeindrukkend an diesem Bonmot ist, daß es den wahren Sachverhalt annähernd widerspiegelt. Tatsächlich ist der vor drei Jahrzehnten entwickelte Markenartikel Capri-Sonne aus Heidelberg in dem einzigartigen, unverwechselbaren Trinkpack weltweit die Nummer eins unter den Erfrischungsgetränken in flexiblen Kleinpakkungen.

Capri-Sonne wird auf allen Kontinenten in rund achtzig Ländern vermarktet und konsumiert, wird zum Teil direkt in den jeweiligen Ländern produziert. Jährlich werden mehr als vier Milliarden Glanzbeutel mit dem fruchtigen Durstlöscher verkauft.

Sonne, die man trinken kann.

Obwohl Kinder weltweit aus eigener Erfahrung den hervorragenden Geschmack und damit auch den Er-

folg der Capri-Sonne mit ihrer inzwischen breiten Palette an Getränkesorten und Geschmacksvarianten zu schätzen wissen, sind Daten und Fakten, Hintergrundinformationen und Details einer faszinierenden Erfolgsgeschichte, wie nämlich die Sorte Orange in den silbern und bunt leuchtenden Tüten die Welt eroberte, einer größeren Öffentlichkeit weitgehend unbekannt geblieben.

Folgerichtig will dieses Buch zum ersten Mal umfassend, unterhaltsam und lehrreich zugleich vom *Going global* des Markenfruchtsaftgetränkes aus Eppelheim vor den Toren Heidelbergs berichten.

Von den ersten Anfängen, von den Visionen meines Vaters, des Firmengründers Rudolf Wild, der im wesentlichen das deutsche Geschäft als Ziel vor Augen hatte, bis zur weltweiten Marktführerschaft war es ein weiter Weg.

Er begann vor 70 Jahren in den kleinen, gemieteten Produktionsräumen in der Heidelberger Marstallstraße: Die Wiege der WILD-Werke.

Im Jahre 1937 wurde im benachbarten Eppelheim mit dem Aufbau des Unternehmens begonnen. Hier, auf einem Areal von mittlerweile 250 000 Quadratmetern, befindet sich bis heute das größte Werk der inzwischen weltweit tätigen WILD-Gruppe, zu deren international bekannten Produkten auch die Fruchtsaftgetränke unter dem Markennamen Capri-Sonne gehören.

Ich kenne alle Höhen und Tiefen auf diesem oft nicht leichten, aber immer faszinierenden Weg, der zur heutigen Bekanntheit und Beliebtheit von Capri-Sonne geführt hat. Nach meinem Eintritt in die väterliche Firma, die seit jeher mit der Herstellung von natürlichen Inhaltsstoffen für die Lebensmittelindustrie beschäftigt war, habe ich mir die Weiterentwicklung der Marke Capri-Sonne zur vordringlichen Aufgabe gemacht. Nachdem wir binnen kurzer Zeit mit diesem

Fruchtsaftgetränk eine führende Position auf dem heimischen Markt erreicht hatten, konzentrierte ich mich auf die globale Vermarktung.

In diesem Buch werden die Beweggründe und Hintergründe des gegenwärtigen Erfolges von Capri-Sonne beleuchtet. So beschreibe ich die einzelnen Stufen einer außergewöhnlichen Entwicklung, die für den fachlich interessierten Leser ebenso aufschlußreich sein wird, wie für alle diejenigen, die etwas von abenteuerlichen, exotischen Begebenheiten in fernen Ländern und anderen Kulturen lesen und erfahren wollen. Die globale Vermarktung der Capri-Sonne ist gleichzeitig auch eine spannende Geschichte der Begegnung mit Menschen, ethnischen und kulturellen Eigenheiten, mit dem Geschmack, den Aromen auf allen Kontinenten. Und während Capri-Sonne bei Kindern die Assoziation von Spiel, Spaß und Abenteuer weckt, sind mit dem geschäftlichen Wachstum, dem *Going global* unserer Marke, tatsächlich Hunderte von abenteuerlichen Geschichten auf verschiedenen Erdteilen verknüpft. Auch von diesen Erlebnissen und Erfahrungen in fernen Ländern wird in den nächsten Kapiteln zu lesen sein.

Und wie es dazu kam, daß Boxweltmeister Muhammad Ali sich auf dem Höhepunkt seiner Karriere für eine weltweite Werbekampagne zur Verfügung gestellt hat, ist ebenfalls eine außergewöhnliche Geschichte.

Ich habe bereits angedeutet, daß bei einer Erfolgsstory nicht nur die Highlights aufgezählt werden sollten. Es dürfen gerade die Herausforderungen, aber auch die Umwege und zeitweiligen Rückschläge nicht verschwiegen werden. Unsere Erfahrungen mit *learning by doing* können als Beispiel dienen und werden Ansporn für Jüngere sein zu begreifen, daß der Erfolg »viele Väter« hat. Daß es darauf ankommt, sich Herausforderungen zu stellen, selbst die Initiative zu ergreifen, auf die eigene Kraft zu vertrauen. Aber auch die Bereitschaft, von internationalen Partnern zu lernen, trägt zum Erfolg bei.

In Form eines narrativen Sachbuches will ich die Aspekte, die unsere Firmenphilosophie prägen, anhand einzelner Geschichten, Begebenheiten und Anekdoten erläutern. Zu Beginn werde ich anschaulich von unserer Pionierzeit erzählen, von der Faszination der Idee, Fruchtsäfte in einem Beutel anzubieten. Ich werde schildern, wie wir aus ersten klapprigen Maschinen eines Nähmaschinenherstellers unsere eigenen computergesteuerten Abfüllanlagen entwickelt haben, mit denen unsere Partner heute in aller Welt produzieren.

Die erfolgreiche Marktstrategie in Deutschland führte konsequent weiter auf die internationalen Märkte. Die Internationalisierung, die Begegnung mit fernen, fremden Kulturen, erfordert jedoch auch Verständnis für die jeweiligen Unterschiede, verlangt von uns, daß wir auf der Basis unseres *Flavor*-Know-hows die geschmacklichen Eigenheiten in den verschiedenen Ländern berücksichtigen. Geschmack, auf der Zunge ebenso wie im Geiste, will toleriert werden.

In einer künftigen Welt wird es entscheidend darauf ankommen, an tragfähigen Brücken zwischen ethnischen Identitäten weiterzubauen, die Aufgeschlossenheit gegenüber anderen Kulturen zu pflegen.

Dabei sind die Erfordernisse der Umwelt besonders zu beachten. Als weltweit operierendes Lebensmittelunternehmen, das überwiegend nachwachsende Rohstoffe wie Samen, Früchte, Blätter und andere Pflanzenteile verarbeitet, ist aktiver Umweltschutz für uns eine hohe Verpflichtung. Als eines der ersten Unternehmen der Lebensmittelbranche wurden wir bereits 1992 nach ISO 9001 zertifiziert. 1996 gehörten wir zu den Pionierunternehmen, die ihr integriertes Managementsystem nach ISO 14001 und EMAS (Öko-Audit-Verordnung) zertifizieren und validieren ließen.

Aber auch die Capri-Sonne-Verpackung selbst entspricht modernsten Anforderungen. Mit circa 22 Gramm pro Liter Fertiggetränk hat Capri-Sonne das geringste Verpackungsgewicht. Mehrere Untersuchungen von neutralen Instituten belegen, daß der Trinkpack eine Ökobilanz aufweist, die mit allen anderen Verpackungsformen, auch Mehrweggebinden, vergleichbar und anderen Einwegverpackungen überlegen sind.

Die Zielgruppe der Capri-Sonne sind heute in erster Linie Kinder und Jugendliche. Die Kids von heute surfen weltweit im Internet, sammeln, erweitern, bereichern ihre Eindrücke und Erfahrungen aus dem weltumspannenden Netz. Teil dieser Vernetzung ist die interaktive Homepage, die FunWorld von Capri-Sonne. Sie bietet unserer Zielgruppe heiße Rhythmen ebenso wie pädagogisch wertvolle Spiele und Informationen an.

An welche Zielgruppe aber wendet sich das vorliegende Buch?

Informationstechnologien, die aufstrebende New Economy und die Möglichkeiten des Internets werden wesentliche Bereiche des Lebens bestimmen. Und auch in der Nahrungsmittelindustrie werden neue Herausforderungen ein permanentes Weiterlernen erforderlich machen. In der Zusammenfassung unserer Firmenphilosophie werde ich auf den Zusammenhang zwischen bisherigen Erfolgen und der Herausforderung, Zukunft zu gestalten, eingehen.

Dieses Buch richtet sich an alle interessierten Leser, die mehr erfahren wollen über die geheimnisvolle Welt der Aromen und Düfte, über den guten Geschmack und über die Vielfalt der oben kurz umrissenen Themen, die ich zusammenfassen möchte als die Faszination, eine globale Marke zu schaffen.

Faszination Capri-Sonne

Fast täglich trafen die Güterwaggons aus Italien ein. Die Früchte des Südens, ihr Duft und ihr Aroma, der Geschmack sonnengereifter Orangen faszinierten Mitarbeiter und Kunden schon wenige Jahre nach der Gründung unserer seinerzeit noch kleinen Firma in Eppelheim bei Heidelberg.

Das ist viele Jahrzehnte her, in der ersten Hälfte des vergangenen Jahrhunderts, und sogar lange bevor das erste Getränk unter dem Namen Capri-Sonne kreiert war oder gar jemand vom Siegeszug »unserer Orange« rund um den Globus zu träumen gewagt hätte.

Europa und die Welt hatten unter den Schrecken des Krieges zu leiden. Auch mein Vater Rudolf Wild wurde zur Wehrmacht eingezogen. Meine Mutter führte trotz schwierigster Bedingungen den Betrieb engagiert und zielgerichtet weiter. Unsere noch junge Firma in der Nahrungsmittelbranche mußte nicht zuletzt mit der strengen Kontingentierung der Rohstoffe fertig werden. Etablierte Konkurrenzunternehmen, die ganz Großen der Branche, hatten es leichter.

Zum Glück für uns gab es die Lieferungen frischer Früchte aus Sizilien, die Zitronen und Orangen, die von der Belegschaft von über hundert Frauen verarbeitet wurden.

Die Einzelfirma Zick-Zack-Werk Rudolf Wild hatte sich von Anbeginn an die Maxime gesetzt, alle Essenzen und Grundstoffe für die Nahrungsmittelindustrie ausschließlich aus natürlichen Rohstoffen, aus Früchten, Kräutern und Gewürzen, zu gewinnen. Dieser Idee, dieser Philosophie sind wir bis heute verpflichtet. Und die Orange, deren Duft in jenen finsteren Zeiten einen Hauch von Lebensfreude vermittelt haben mag, diese Frucht der Sonne hat unseren Weg bis heute begleitet.

Der weltweite Erfolg der Capri-Sonne läßt sich überzeugend über stetig wachsende Verkaufszahlen vermitteln. Doch dieses Buch will sich nicht auf Zahlen und Fakten beschränken.

Die intensive, professionelle Beschäftigung mit Geschmack und Aromen gehört zu den »Geheimnissen«, zu den Grundlagen unseres Erfolges.

Die Kunst, hierzulande und in den Ländern ferner Erdteile den jeweiligen Geschmack der Menschen zu treffen, diese Fertigkeit vor allem hat die hohe Markenbekanntheit und die entsprechenden Wachstumsraten unseres Produktes ermöglicht.

Die Welt der Düfte hat seit Menschengedenken etwas Faszinierendes

Seit Menschengedenken ist die Welt der Düfte und Wohlgerüche etwas Unwiderstehliches und Faszinierendes. Und Faszination und Begeisterungsfähigkeit waren und sind gerade jene starke Triebfeder, die in allen maßgeblichen Bereichen unseres Unternehmens die entscheidende Rolle gespielt hat.

Die Meisterschaft in der Gewinnung und Kreation von natürlichen Inhaltsstoffen, die Geschmacksrichtungen, die wir mit Hilfe von Aromen herstellen, welche uns die Natur liefert, ist ein notwendiges, aber nicht ausreichendes Kriterium, um ein allseits beliebtes Fruchtsaftgetränk anbieten zu können und Weltmarktführer zu werden.

Die gleiche Begeisterung, die uns auf der Entdeckungsreise nach außergewöhnlichen Geschmacksstoffen und Gewürzen seit jeher leitet und begleitet, der gleiche Impetus war auch die Voraussetzung zur Entwicklung des Produkts Capri-Sonne. Wir haben dabei nicht nur ein Getränk auf den Markt gebracht, sondern auch die entsprechende und ansprechende Verpackung für dieses Getränk entwickelt. Und wir haben die notwendigen Maschinensysteme für Abfüllung und Verpackung konstruiert, einen eigenen Vertrieb in Deutschland aufgebaut sowie innovative Marketingkonzepte entworfen und in die Tat umgesetzt.

Schon als junger Abiturient Anfang der sechziger Jahre zog es mich in die Ferne. Bevor ich in Cambridge zu studieren begonnen hatte, unternahm ich im Auftrag unserer Firma eine große Reise nach Übersee, um dort für WILD neue Rohmaterialquellen zu erschließen. Zu jener Zeit hatten wir noch keine Vertretungen oder Partner im Ausland. Ich war völlig auf mich allein gestellt und habe, nur vom Entdeckerdrang geleitet, Aufgaben in Angriff genommen und bewältigt, die mir vorher noch nie gestellt wurden.

So habe ich mir zum Beispiel in Mexiko erst einmal mit Telefonbüchern beholfen und die *Yellow Pages* durchforstet, um Firmen ausfindig zu machen, deren Produkte als Rohstoffe für uns interessant werden konnten. Ebenso abenteuerlich gestaltete sich die Suche nach ätherischen Ölen auf Jamaica oder nach anderen natürlichen Rohstoffen für die Lebensmittelindustrie in Nordamerika.

In unseren Laboratorien in Heidelberg, die mit der modernsten Technik arbeiten, steht bis zum heutigen Tag der Mensch im Mittelpunkt.

Entscheidend für den Geschmack sind trotz moderner Technik die menschlichen Sinnesorgane sowie die natürlichen Essenzen und Grundstoffe, nicht die Chemie. Obwohl – oder vielleicht gerade weil – mein Vater studierter Chemiker war, wollte er von Chemie in Lebensmitteln nichts wissen. Für diese Überzeugung wirbt bis heute Capri-Sonne, in Asien ebenso wie in Afrika, in Amerika oder bei uns in Europa. Mein Ziel war es nicht nur, ein weltweit führender Anbieter von fruchtigen Erfrischungsgetränken für Kinder zu werden, sondern es war auch mein Anliegen, daß die Qualität des Markenartikels Capri-Sonne überall in der Welt den gleichen hohen Standard hat.

Durch Verträge mit unseren Lizenznehmern und mit den in Jahrzehnten gewachsenen Erfahrungen in der Welt des Geschmacks und der Aromen – unserem

Flavor-Know-how –, ebenso wie mit den von uns gelieferten Maschinen und Grundstoffen, stellen wir sicher, daß die Qualität von Inhalt und Verpackung in jedem Land unseren Ansprüchen gerecht wird. Jene Rohstoffe, die aus dem jeweiligen Land in den Capri-Sonne-Beutel gelangen, werden von unserer Seite ständigen Qualitätskontrollen unterzogen. Fabriken und Fabrikation müssen bestimmten von uns vorgegebenen Normen gerecht werden, damit auch in den entlegensten Winkeln der Erde unser Produkt mit dem gleichen Genuß getrunken wird wie in Berlin oder New York.

Das Ziel, eine globale Marke zu kreieren und sie auch tatsächlich zum Verkaufsschlager auf den Märkten der Welt zu machen, konnte nur erreicht werden, indem wir insbesondere darauf geachtet haben, nationale Besonderheiten und kulturelle Unterschiede gebührend zu berücksichtigen. So stellt Capri-Sonne ein internationales Produkt dar, das divergierende Einflüsse vereinigt. Wir haben unsere Erfahrungen in den unterschiedlichsten Ländern mit ihren Traditionen und Vorzügen, unseren Horizont Schritt für Schritt erweiternd, mit dem in Jahrzehnten gewachsenen Know-how in den Heidelberger WILD-Werken in Einklang gebracht.

Die spannendste Arbeit in unseren Labors leisten nicht die Instrumente der Technik; es sind die »Instrumente« des Menschen, seine Sinnesorgane, die über den Wohlgeschmack entscheiden. Eine Geschmacksnote, die bei uns in Deutschland als angenehm empfunden wird, entspricht den Geschmacksgewohnheiten der Konsumenten im Wüstenstaat Dubai oder auf der tropischen Insel Réunion im Indischen Ozean noch lange nicht.

Im Abenteuerland Geschmack entscheiden Zunge und Nase über Mißerfolg oder Erfolg eines Produkts. Es ist die Aufgabe unserer diplomierten Ingenieure der Lebensmitteltechnologie, den besten Geschmack für das jeweilige Land zu kreieren. Sogar bei exotischen Früchten wie Mango oder Guave stehen unseren Geschmacksentwicklern mehr als fünfzehn natürliche Fruchtaromen zur Verfügung. Bei der Orange hingegen müssen Geschmacks- und Geruchsnerven zwischen rund fünfzig Geschmacksrichtungen unterscheiden können. Laufende Sensorikschulungen und langjährige Erfahrung beim Verkosten versetzen die Fachkräfte des Labors erst in die Lage, die Geschmacksrichtungen bis auf kleine Nuancen Frucht für Frucht zu erschmecken. Je nach Kundenwünschen, die von Land zu Land, von Erdteil zu Erdteil stark variieren können, wird Capri-Sonne mit Hilfe der aus den Früchten gewonnenen natürlichen Aromen unterschiedlich komponiert.

Kleine Nuancen entscheiden über Erfolg oder Mißerfolg

Bei uns wird einem »saftig-frischen« Orangengeschmack der Vorzug gegeben, in einer anderen Region der Welt soll die Orange leicht »schalig« schmecken, so gibt es die verschiedensten Wünsche nach Art und Intensität des Aromaeindrucks.

Oder ein anderes Beispiel: Die Sorte Erdbeere von Capri-Sonne. In Frankreich bevorzugt man ein Getränk, in dem die Erdbeere noch den Geschmack der nicht voll ausgereiften Frucht aufweist, während diese Geschmacksnote hierzulande als unreif empfunden wird. Auch Süße wird unterschiedlich wahrgenommen. So ist das in den Arabischen Emiraten angebotene Erdbeergetränk für den hiesigen Geschmack fast unerträglich süß. Überhaupt werden in der arabischen Region grundsätzlich süßere Geschmacksrichtungen bei allen Getränkesorten bevorzugt, als es in Europa der Fall ist. Aber nur aus der Sicht des Laien ist es eine leichte Aufgabenstellung, einem Getränk mehr Süßgeschmack zu verleihen. Kann doch zusätzliche Süße das Aroma eines Getränks zwar verstärken, sie darf es aber sonst nicht beeinträchtigen.

Noch akribischer muß das Labor ans Werk gehen, wenn die Aufgabe lautet, Geschmacksintensität und

Geschmacksrichtung einer bei uns unbekannten Frucht für ein neues Getränk zu komponieren. Im Jahr 1999 kam mit Berry Cooler eine neu entwickelte Sorte Capri-Sonne auf den Markt, die sich nach der Einführung schnell zum Renner entwickelte. Für Berry Cooler verwendeten wir eine bislang in Deutschland wenig bekannte Beerensorte, die Aronia.

So eine Neuentwicklung bedarf umfangreicher Versuche und des geschulten Geschmacks der im Labor tätigen Lebensmittelingenieure. Denn es geht nicht allein darum, aus den Möglichkeiten einer Fruchtsorte, in dem Fall der Aronia, die beste, die ansprechendste Geschmacksrichtung auszuwählen.

Die nordamerikanische Frucht Aronia ebenso wie die Kirsche, die Traube, der Apfel und die Zitrone im Berry Cooler, jede Frucht für sich allein soll ihr charakteristisches Aroma entfalten. Doch das Getränk als Mischung aller dieser Geschmackslinien muß ein rundes Ganzes an Geschmacksfülle ergeben. Die Kunst der Lebensmitteltechnologie, das heißt in erster Linie der Menschen, die im Labor die Mischungen von Aromen und Düften zu beurteilen haben, besteht darin, ausdrucksvolle Geschmacksvorgaben zu machen. Das Urteil von Testpersonen und schließlich der Kunden nah oder fern verändert den Geschmack abermals um Nuancen. Etwas »reifer«, etwas »blumiger«, »fruchtiger« oder »nelkenartiger« usw., das Geschmacksprofil läßt sich ohne Chemie mit der großen Fülle an natürlichen Aromen der Fruchtsorten gestalten. Bevor ein Produkt »marktreif« ist, muß es aber letzten Endes den Test bei den Konsumenten bestehen.

Unsere Erfolgszahlen dürfen als Indiz gewertet werden, daß die Erforschung des Abenteuerlandes der Düfte und Aromen von den Konsumenten honoriert wird.

Capri-Sonne kam 1969 zunächst in den Sorten Orange, Zitrone und Apfel auf den Markt, bereits sechs Jahre später erreichte sie in Deutschland die Marktführerschaft bei den flexibel verpackten fruchthaltigen Getränken.

Ein Jahr danach, 1976, begann die internationale Vermarktung von Capri-Sonne. Als erste europäische Softdrink-Marke setzte sich unser Produkt schon 1981 auf dem amerikanischen Markt durch. Wieder ein Jahr später wurde Capri-Sonne sogar als die beste Neueinführung in Amerika ausgezeichnet.

Die Marktführerschaft in Europa haben wir 1992 erreicht, es folgte binnen zwei Jahren die Marktführerschaft bei den flexibel verpackten fruchthaltigen Getränken in den USA.

Diese Erfolgsbilanz läßt sich auf das ehrgeizige Ziel zurückführen, überall nach landesüblichen Vorlieben

Capri-Sonne verbindet

Faszination Capri-Sonne

die wohlschmeckendsten Fruchtsaftgetränke auf den Markt zu bringen. Sie ist das Ergebnis jener Faszination, die uns von Anfang an bewegt hat, »in jedem Land die beste Orange anzubieten«. Und von den Säulen dieser Faszination wird in den folgenden Abschnitten des Buches die Rede sein.

WILD weltweit
Die Unternehmensgeschichte im Überblick

Capri-Sonne hat uns national und international in der breiten Öffentlichkeit bekannt gemacht. In der Nahrungsmittelindustrie aber war WILD Jahrzehnte zuvor schon ein führendes Unternehmen und ein geachteter Partner als Lieferant von natürlichen Inhaltsstoffen für Nahrungsmittel.

Im Herzen der Kurpfalz ist unser Stammwerk zu finden, mit Blick aus der Ebene von Rhein und Neckar auf den Odenwald.

Fährt man zwischen dem Heidelberger und dem Schwetzinger Kreuz auf der Autobahn A 5, sieht man schon von weitem die vier großen Buchstaben grün leuchten, die als Headline unserer Firmenphilosophie nicht nur für Capri-Sonne, sondern für alle unsere Geschäftsfelder stehen: WILD

- **W**inners
- **I**nnovators
- **L**eaders
- **D**evelopers

Heute kann man das gesamte Areal der WILD-Werke in Eppelheim bei Heidelberg, in direkter Nachbarschaft zu der altehrwürdigen, kurpfälzischen Universitätsstadt, nur aus der Vogelperspektive überblicken.

Mit dem Kauf eines kleinen Teils dieses Geländes begann unsere geschäftliche Expansion. Mein Vater Rudolf Wild war studierter Chemiker. Im Jahre 1931 fragte ihn ein Freund um Rat: Er war Vertreter einer kleinen Essenzenfabrik und benötigte eine Rezeptur für ein neues Tafelwasser. Mein Vater gab ihm die gewünschte Auskunft. Seine Idee und die damit verbundene neue Herstellungsweise führten schnell dazu, daß mein Vater auch um die Produktion dieses Getränks gebeten wurde. Ein bescheidenes Geschäft bahnte sich an. Betrieben wurde es von meinem Vater als Produzent und seinem Partner als Verkäufer des Tafelwassers. Anfangs fehlte allerdings sogar das Geld für die Anschaffung geeigneter Maschinen; die wichtigsten Produktionsmittel waren zwei Hände und die Ideen im Kopf. Produziert wurde in beengten Verhältnissen, in den zu diesen Zwecken angemieteten Räumen in der Heidelberger Marstallstraße.

Die Entwicklung des Betriebs verlief zunächst eher langsam, doch die Qualität der Getränke zog allmählich eine Steigerung der Nachfrage nach sich, was die nötige Kapitalbildung ermöglichte. Im Jahre 1937 konnte in Eppelheim ein ungenutztes Gelände, auf

Capri-Sonne ist ein Produkt der Wild-Werke, Heidelberg-Eppelheim

dem sich Ruinen einer ausgebrannten Glasfabrik befanden, erworben werden. Mit 12 000 Quadratmetern hatte es nicht ein Zwanzigstel der Fläche des heutigen Areals. Doch der Anfang für den Aufbau der WILD-Werke war gemacht.

Es konnte mit der Herrichtung des Geländes begonnen werden, das durch allmähliche Zukäufe seine heutigen Ausmaße erreicht hatte.

Als Neuling in der Branche war sich mein Vater darüber völlig im klaren, daß er Erfolg nur mit innovativen Produkten erzielen konnte. Seine durchschlagende Idee als Chemiker war schon zu jener Zeit, auf Chemie, also auf synthetische Zusätze in Lebensmitteln zu verzichten. Ein Grundpfeiler unserer Firmenphilosophie bis heute.

Natürlichkeit als Firmenphilosophie

Mit der Verwendung von natürlichen Rohstoffen und mit der Weiterentwicklung neuer Verarbeitungsmethoden war es ihm gelungen, Essenzen und Grundstoffe für die Getränkeindustrie auf den Markt zu bringen, die durch ihre Qualität Konkurrenzprodukten überlegen waren. Der Betrieb lieferte nach wenigen Jahren bereits Produkte bis nach Ostpreußen und Schlesien.

Nach 1939 mußte die immer noch sehr kleine Firma mit den kriegsbedingten Produktionsproblemen fertig werden, dazu zählten z. B. die Kontingentierung von Zucker und anderen Rohstoffen bzw. der Mangel an Treibstoff für die Maschinen. Glücklicherweise blieb unser Betrieb wenigstens von Zerstörungen verschont, so daß trotz aller Schwierigkeiten unter der engagierten Leitung meiner Mutter auch in jenen Jahren den Umständen entsprechend produziert werden konnte.

Nach 1945 mußten zunächst elementare Probleme wie die Versorgung mit Strom und genügend Wasser geregelt werden. Ein betriebseigener Brunnen wurde errichtet.

Die Unternehmensgeschichte

Zur Erweiterung unserer traditionellen Produktpalette brachten wir 1951 zum ersten Mal ein eigenes Erfrischungsgetränk auf rein natürlicher Basis auf den Markt, es war das Fruchtsaftgetränk »Libella«.

Ebenso beliebt war in den fünfziger Jahren ein anderes Produkt unseres Hauses, das älteren Semestern noch bekannt sein dürfte, der legendäre »Zick-Zack-Edelbitter«.

Weil wir auch Konzentrate für Liköre hergestellt hatten, entschloß sich mein Vater, selbst eine Spirituose zu produzieren. Der ausgefallene Name des Edelbitters, der von den Konsumenten mit hintersinnigem Humor und großer Nachfrage quittiert wurde, muß wohl auch heute nicht näher erläutert werden. Die eckige Likörflasche auf den Nierentischen paßte aber nicht zur Philosophie der alkoholfreien und gesunden Lebensmittel und blieb eine beschauliche Episode. Der Geschmack unseres Kräuterlikörs ist allerdings bei Mitarbeitern und Kunden bis heute so beliebt, daß wir zum 40. Jubiläum unseres internationalen Heidelberger Fachseminars im Juni gerne eine »Special Edition«, Vintage 1961, herstellen.

Der Schwerpunkt der Geschäftstätigkeit in unserem Unternehmen lag in der Produktion von Grundstoffen und Essenzen für alkoholfreie Getränke. Diese Sparte wurde immer stärker ausgebaut. Als weitere Produktgruppe kamen die Fruchtzubereitungen für fruchthaltige Molkereiprodukte hinzu. Wieder gelang es uns, aufgrund der hochwertigen Qualität der Rohstoffe, unseres Know-hows bei der Fruchtverarbeitung und unserer Erfahrungen auf dem Gebiet der Mikrobiologie schnell den Einstieg in die Milchwirtschaft zu schaffen.

Die milchverarbeitenden Betriebe zählen neben anderen Branchen der Nahrungsmittelindustrie bis heute zu unseren Abnehmern. Nur die Relationen haben sich in den Jahrzehnten stark verschoben.

Mittlerweile ist die WILD-Gruppe weltweit einer der größten Anbieter von natürlichen Aromen und Farben, von Fruchtzubereitungen und Konzentraten, von Gewürzmischungen und anderen Grundstoffen für die gesamte Nahrungsmittelindustrie. Wir verfügen in Europa über eine vorzügliche Infrastruktur. Zu unserer Produktionsstätte in Heidelberg gesellen sich Produktionsstätten und Niederlassungen in über 50 Ländern, wir sind auf allen Erdteilen zu Hause. Mehr als 2 000 Mitarbeiter sind für WILD in Forschung, Entwicklung, Produktion und Vertrieb tätig. Unseren rund 5 000 Kunden aus der Lebensmittelproduktion in der ganzen Welt bieten wir 60 000 länderspezifische Rezepturen an.

Und begonnen hatte alles mit einer einzigen Rezeptur für ein Tafelwasser. Mit einer Idee und der Arbeit zweier Hände.

Die Geschichte der Capri-Sonne ist ein Segment im Rahmen dieser erfolgreichen Unternehmensentwicklung. Sie ist Ergebnis und konsequente Weiterentwicklung unserer Unternehmensphilosophie, alkoholfreie Erfrischungsgetränke ausschließlich aus natürlichen Rohstoffen herzustellen.

Eng verbunden mit der Erfolgsstory des Markengetränks Capri-Sonne ist ein weiteres Thema, die Herstellung der für das Produkt benötigten Maschinen.

Zur Produktidee kam die Technik

Das 1931 als GmbH gegründete Unternehmen hat mein Vater 1942 in eine Einzelfirma umgewandelt. Ab Anfang der fünfziger Jahre trug das Unternehmen den Namen Zick-Zack-Werk Rudolf Wild sowie RUDOLF-WILD-Betriebe, und es ist heute als RUDOLF-WILD-Werke bekannt.

Im Jahre 1956 erwarb unser Unternehmen die Firma »Deutsche SiSi-Werke«. 1963 wurde der Sitz der SiSi-Werke nach Heidelberg und später nach Eppelheim verlegt. Nach einer umfangreichen Entwicklungsphase wurde hier auf dem Werksgelände 1969 mit der Produktion von Capri-Sonne begonnen und 1972 auch die erste eigene Abfüllmaschine gebaut. Die Weiterentwicklung und Herstellung der Maschinen für die Capri-Sonne-Produktion wurde schließlich die Aufgabe der INDAG.

Die Gesellschaft für Industriebedarf unter der Firmenbezeichnung INDAG wurde von uns 1963 in Hamburg gegründet, ihren Sitz verlegten wir 1969 nach Eppelheim.

INDAG, das Maschinenzentrum der WILD-Gruppe, hat entscheidend zum Erfolg der Capri-Sonne beigetragen. Neben der Konstruktion und der Montage automatischer computergesteuerter Dosier- und Mischanlagen für die Getränkeindustrie und für die Milchwirtschaft baut INDAG schlüsselfertige Systeme für flexible Standbeutel, also die Abfüll- und Verpackungsmaschinen für Capri-Sonne an allen Produktionsstandorten weltweit.

Eine Idee wird geboren

Wer den Erfolg eines Markenartikels verstehen, kennen und schätzen lernen will, wird sich zunächst der Vorgeschichte zuwenden, wird sich für das traditionsgeprägte Umfeld und für die weiteren Bedingungen in der Anfangszeit und in den ersten Folgejahren interessieren. Sie haben zu der Idee, zu der Entwicklung und schließlich zur Marktreife des neuen Getränks Capri-Sonne geführt.

Diese Pionierzeit, in der die außergewöhnliche Idee von einem schmackhaften, fruchtigen Erfrischungsgetränk in einer überraschend neuartigen Verpackung geboren und in der dieses innovative Produkt unter schwierigen Bedingungen entwickelt wurde, liegt in den sechziger Jahren.

Sowohl in jener Anfangsphase als auch in den späteren Jahren, als weitere, immer neue Hürden zu nehmen waren, haben wir uns den Herausforderungen gestellt, haben sie gemeistert und sind an ihnen gewachsen. Der Glaube an das eigene Können, diese in den USA gängige Haltung (*can-do-attitude*), bestimmte entscheidend den Weg der Capri-Sonne – von dem zündenden Einfall bis zur heutigen Weltmarktstellung.

Das Warenzeichen »Capri-Sonne« wurde bereits 1952 für die Deutschen SiSi-Werke eingetragen. Es vergingen annähernd zwei Jahrzehnte, bis Capri-Sonne im unverwechselbaren Beutel, dem Trinkpack mit dem Strohhalm, in die Regale des Lebensmittelhandels kam. Denn die ursprüngliche Geschäftstätigkeit unseres Unternehmens hatte sich auf andere Produkte, auf Halbfertigfabrikate für die Lebensmittelindustrie konzentriert.

In den sechziger Jahren, als in den RUDOLF-WILD-Betrieben die ersten Überlegungen für die Entwicklung der Capri-Sonne heranreiften, studierte ich in England und anschließend in Frankreich, wo ich in meinem zweiten Studium über französisches Wirtschaftsrecht promovierte.

Meine in Frankreich gewonnenen Sprachkenntnisse sollten für den Start der Capri-Sonne-Produktion sehr wichtig werden. Denn die Maschinen, um die neuartigen Beutel produzieren und abfüllen zu können, waren zu jener Zeit nur in Frankreich zu bekommen.

Blättern wir jedoch in der Unternehmensgeschichte noch einige Seiten zurück, um der Reihe nach zu berichten.

Die Deutschen SiSi-Werke wurden 1906 in Hamburg gegründet. Das Unternehmen – vor dem Zweiten Weltkrieg gehörte die Firma zu den bedeutendsten der Getränkebranche – war einer der ersten Hersteller von kohlensäurehaltigen alkoholfreien Erfrischungsgetränken in Deutschland. Der Name »SiSi« wurde von *sine spiritus* (ohne Alkohol) abgeleitet. Der Apotheker und Firmengründer Meinecke verwendete für seine Getränkeprodukte die doppelte Verneinung des Alkohols und wollte damit unterstreichen, daß seine Getränke tatsächlich ohne jeden Tropfen Alkohol hergestellt wurden. Aus *sine sine* wurde SiSi. Ein passender Name für prickelnde Erfrischungsgetränke.

Die RUDOLF-WILD-Betriebe, die nach Kriegsende 1945 in Deutschland bald eine führende Rolle auf dem Gebiet der Herstellung von Essenzen und Grundstoffen für alkoholfreie Getränke übernommen hatten, erwarben 1956 vom Sohn des Firmengründers die Deutschen SiSi-Werke. Der Sitz der Firma wurde anschließend von Hamburg nach Heidelberg bzw. Eppelheim verlegt.

Mit dem Erwerb der Deutschen SiSi-Werke war bereits der Grundstein für das neue Produkt gelegt, auch wenn Capri-Sonne damals nur als Warenzeichen für ein noch zu entwickelndes Getränk existierte. Neben unseren traditionellen Halbfertigfabrikaten für die Lebensmittelindustrie konnte das nationale und später internationale Geschäftsfeld für diese spezielle eigene Getränkemarke entstehen und aufgebaut werden.

Immer mehr Mineralbrunnen, Brauereien, Limonadenhersteller in ganz Deutschland gehörten in den fünfziger Jahren zum Kundenkreis der RUDOLF-WILD-Betriebe. Sie verwendeten für ihre Getränke bevorzugt unsere Grundstoffe auf rein natürlicher Basis.

Auf der Messe »Interbrau« 1951 haben wir zum ersten Mal ein eigenes Fertiggetränkekonzept vorgestellt. Es handelte sich um das Fruchtsaftgetränk »Libella«, das erste deutsche Markengetränk auf rein natürlicher Basis.

»Libella« wurde nach unserem Rezept und aus den von uns gelieferten natürlichen Aroma- und Grundstoffen von unseren Kunden als Markenartikel in Lizenz hergestellt.

In gewisser Weise haben wir mit »Libella« schon die Idee und die Konzeption für die später entwickelte Capri-Sonne vorbereitet: Ein Erfrischungsgetränk auf rein natürlicher Basis, ohne künstliche Farben, Aromen und Konservierungsmittel. Und die legendäre, bauchige Rillenflasche, die wie manche Kreation der fünfziger Jahre das Image der »guten alten Zeit« trägt, diese besondere Art der Ausstattung kann man als ähnlich eigenständige Entwicklung wie später den Capri-Sonne-Beutel ansehen.

Außergewöhnliche Verpackungen für besondere Produkte

Wir haben den Brauereien nicht nur ein besonderes Produkt und eine außergewöhnliche Verpackung zur Verfügung gestellt. Das Angebot beinhaltete auch ein Markenkonzept, das heißt, daß »Libella« zentral von den RUDOLF-WILD-Betrieben beworben wurde.

Die braune Rillenflasche hatte ihr eigenes Image, war in den sechziger Jahren ein Marketing-Hit. Sie wurde in den folgenden Jahrzehnten durch handelsübliche Flaschen abgelöst, weil sie leichter zu füllen waren.

Wegen ihrer nachhaltigen Beliebtheit erlebt die ursprüngliche griffige Flasche gegenwärtig ihr Revival.

»Libella« wird im süddeutschen Raum bis heute nach dem ursprünglichen Konzept vermarktet. Mit der Entwicklung unseres ersten Markengetränks hatten wir bereits einige technologische Probleme gelöst. Die Bildung von Bodensatz oder des Ölrings am Flaschenhals konnten ohne Zuhilfenahme von Chemikalien, allein durch Anwendung physikalischer Methoden, verhindert werden. Alles zu einer Zeit, als die Herstellung von Limonaden und Fruchtsaftgetränken in Deutschland noch in den Kinderschuhen steckte. Das Prinzip *all natural* zählte zu unserer Firmenphilosophie, lange bevor Capri-Sonne mit dieser Maxime erfolgreich wurde.

Obwohl »Libella« von dem hervorragenden Gespür meines Vaters zeugt, ein Produkt zu entwickeln, das man dank seiner Verpackung sofort wiedererkennt, hatten wir nicht ins Auge gefaßt, dieses Getränk selbst zu vermarkten. Denn wir hätten unseren Kunden, die Abnehmer unserer Grundstoffe waren, Konkurrenz gemacht, wenn unsere Libella-Flaschen neben ihren eigenen Marken im Regal gestanden hätten.

Erst als 1966 die Idee auftauchte, ein Erfrischungsgetränk in einer gänzlich anders gearteten Verpackung anzubieten, wurde es Schritt für Schritt möglich, mit einer Eigenmarke auf dem nationalen und – wie es sich erst später zeigen sollte – auch auf dem internationalen Markt agieren zu können.

Doch die Entscheidung, ob wir mit einem Getränk selbst auf den Markt gehen sollten oder ob wir dieses Produkt im Trinkpack unseren Kunden zur Vermarktung anbieten sollten, stand zunächst gar nicht an. Als erstes mußte aus einem ungewöhnlichen Einfall ein marktreifes Produkt werden.

Es war nur plötzlich etwas gänzlich Neues da, von dem niemand konkret sagen konnte, welche Chancen es auf dem Markt haben würde. Ein Verkaufsleiter zeigte nämlich eines Tages meinem Vater einen Standbeutel aus dreifacher Verbundfolie. Neugierig und leicht verwundert wurde die »komische Tüte« dann im kleinen Kreis von Hand zu Hand gereicht. Wer sollte es wagen, mit so einer Verpackung, die nicht eingeführt war, auf den Getränkemarkt zu gehen? Würde dieser den Konsumenten völlig unbekannte Beutel von ihnen akzeptiert werden? Und war sie vor allem für Getränke überhaupt geeignet?

Die »komische Tüte« war etwas gänzlich Neues

Mein Vater aber zeigte sich von den Möglichkeiten der Verpackung sofort begeistert. Sie werde das passende Image für die eigene Getränkemarke Capri-Sonne verleihen. Der leichte Beutel aus der speziellen Verbundfolie versprach, dem vergleichsweise schweren Verpackungsmaterial Glas Konkurrenz machen zu können. Der Trinkpack sollte aber nicht allein wegen seiner Leichtigkeit verkaufsträchtig werden. Alle weiteren Fragen mußten schnellstens geklärt, die Verpackung auf seine Tauglichkeit hin getestet und wenn nötig weiterentwickelt werden.

Ein kleines Team machte sich sogleich an die Arbeit. Schließlich war davon auszugehen, daß auch anderen Unternehmen der Getränkeindustrie die neue Verpackungsmöglichkeit auffallen würde. Und wenn erst einmal bedeutendere Produzenten der Branche Gefallen an dem Konzept finden würden, das wußte mein Vater, war die Sache für Capri-Sonne gelaufen. Wir mußten schneller sein als größere Konkurrenten.

Doch von der ersten Idee bis zur Entwicklung des marktreifen Produkts galt es, noch mit ungeahnten Schwierigkeiten bei der Fertigung und Vermarktung des Capri-Sonne-Beutels fertig werden zu müssen. Vor allem in der sogenannten Pionierzeit.

Pionierzeit

Wir waren von der neuen Idee fasziniert und haben schnell eruiert, wer uns das dafür notwendige Verpakkungsmaterial, die Verbundfolien, und die ersten Maschinen zur Herstellung und Abfüllung der Beutel liefern konnte. Doch die Voraussetzungen in den sechziger Jahren kann man in keinster Weise mit dem heutigen Stand der Technik vergleichen. Viele technische Errungenschaften, die heute in der Getränke- und Molkereiindustrie zu finden sind, haben wir erst in den siebziger und achtziger Jahren für diese Branche in unserem Werk entwickelt.

Und dabei waren wir doch zunächst Branchenfremde! Aber Neulinge mit Mut zum Experiment. Echte Tüftler, die nachts geschraubt und gebastelt haben, damit am nächsten Tag die Produktion wieder anlaufen konnte.

Längst allerdings ist aus dem Branchenneuling im Maschinenbau mit INDAG ein Maschinenproduzent geworden, der weltweit die gesamten Hochleistungsfüllsysteme und Verpackungssysteme für Capri-Sonne baut sowie Ausmisch- und Abfüllanlagen für die Getränkeindustrie und Molkereien herstellt.

Es hat gute Gründe, daß Getränke ursprünglich nur in Flaschen abgefüllt wurden. Andere Möglichkeiten der Verpackung boten nach dem damaligen Stand der technischen Entwicklung nicht die Gewähr, daß die Getränke ihren Geschmack länger als drei bis vier Wochen beibehielten. Qualitätsprobleme zeigten sich insbesondere bei den ersten Versuchen, Säfte in Kunststoffbechern anzubieten. Auch die Keimfreiheit der Getränke konnte anfangs nur in luftdicht verschlossenen Flaschen für einen längeren Zeitraum garantiert werden.

Als eine vielversprechende Einwegverpackung kam seinerzeit Tetra Pak mit Tetraeder auf den Markt. Sonst gab es außer Glas und Dosen nichts auch nur annähernd Zufriedenstellendes an Verpackungsvarianten.

Nun begeisterte uns die Aussicht, aus einer dünnen Folie einen flexiblen, aber lang und gut haltbaren, den Geschmack nicht beeinträchtigenden Standbeutel zu konstruieren und bis zur Marktreife weiterzuentwikkeln.

Nach der ersten Begeisterung folgte bald die Ernüchterung

In diesem Experimentierstadium konnten wir auch nicht auf den Rat auswärtiger Experten setzen, es gab aber das geflügelte Wort des Seniors: »Wenn es leicht wäre, würden es andere machen.« Die Einstellung meines Vaters, dieser Ansporn, war aber unerläßlich und wohl die wichtigste Voraussetzung, um die Idee erfolgversprechend realisieren zu können. Uns standen gewaltige Aufgaben und zahlreiche Neuentwicklungen bevor.

Die Folien für die Beutelherstellung konnte die Firma Kalle, eine Hoechst-Tochter, liefern. Als einziger Maschinenlieferant stand uns ein kleines Unternehmen in Lyon zur Verfügung. Dank meiner Sprachkenntnisse fiel mir neben meinem Studium und der Dissertation die Aufgabe zu, mit dieser französischen Firma Thimonnier die umfangreichen Verhandlungen zu führen.

Thimonnier war eigentlich ein Produzent von Nähmaschinen. Das Unternehmen besaß aber auch das Patent an der Konstruktion des Beutels. Es handelte sich im Vergleich zu heute um eine sehr einfache Ausführung der neuartigen Verpackung, die in der Praxis noch viele technische Mängel aufwies. Die Firma Thimonnier hatte auch kein Interesse, selbst in der Getränkebranche aktiv zu werden. Sie bot uns die gewerbliche Verwertung ihrer Erfindung an. Für die Beutelherstellung und für die Abfüllung des Getränks in die Beutel hatte das Unternehmen aber lediglich erste Prototypen einer Maschine entwickelt.

Nach unserer Ursprungsidee sollten die Maschinen von Thimonnier aus Frankreich und die Folie von der Firma Kalle bezogen werden, um die Beutel in Eppelheim herzustellen. Die Grundstoffe für die Getränke konnten wir nach wie vor selbst produzieren. Die Kombination von Grundstoff, Verpackung und Abfüllmaschine wollten wir unseren Kunden, den großen und kleineren Getränkeabfüllern, für ihre eigene Produktion anbieten.

Regelmäßig führten wir schon damals Informationsveranstaltungen und Seminare als Fortbildung für unsere Kunden durch. Während eines dieser Seminare sollte die Grundidee mit dem neuen Beutel erläutert und vorgeführt werden. Unsere Präsentation führte allerdings überhaupt nicht zum erhofften Ziel.

Durch Pleiten, Pech und Pannen darf man sich gerade am Anfang einer neuen Entwicklung nicht entmutigen lassen. Eine drohende Panne bei der Demonstration der Geschmacksneutralität der Folie konnten wir gerade noch abwenden. Wir stellten nämlich wenige Tage vor der angesetzten Veranstaltung fest, daß das für Demonstrationszwecke in die Beutel gefüllte Wasser binnen kurzer Zeit nach faulen Eiern roch.

Helles Entsetzen. Sollte die Folie doch nicht so einwandfrei sein, wie uns das versprochen wurde?

Nach eingehenden Untersuchungen haben wir herausgefunden, daß der unangenehme Geschmack von der Wasserqualität der mitgelieferten Proben herrührte und nicht an der Beschaffenheit der Folie lag. Gerade noch rechtzeitig vor der Vorführung der neuen Verpackungsidee konnte der Schaden behoben werden.

Doch es tauchten andere Probleme auf, machten sich weitere Schwachstellen bemerkbar.

Erst in der Praxis zeigte es sich zum Beispiel, daß die technisch aufwendige Produktion der Beutel noch lange nicht ausgereift war. Aber auch das Abfüllen der Beutel funktionierte nicht zufriedenstellend.

Bei den Abfüllmaschinen von Thimonnier handelte es sich um bessere Handautomaten, halbautomatische Maschinen, gerade mal zwei Meter lang und rund 50 Zentimeter breit. In zwei Fächer wurden die Beutel eingelegt, angesaugt und aufgeblasen, in der nächsten Station gefüllt, dann verschweißt und schließlich von Hand eingepackt.

An unserem Beutel zeigte keiner Interesse

Mit unserer Vorführung ernteten wir auf dem Seminar nur Kopfschütteln. An diesen Maschinen und der ungewöhnlichen Verpackung zeigte aus der Getränkebranche niemand auch nur das geringste Interesse.

Gut, sagten wir, uns überzeugt diese Idee trotz der anfänglichen Mängel in der Praxis. Wenn ihre Umsetzung allen zu schwierig erscheint, dann nehmen wir die Sache eben ganz allein in die Hand. Wir bringen einen verbesserten Standbeutel selbst auf den Markt. Und wir füllen ihn mit neuartigen, von uns entwickelten Fruchtsaftgetränken. Ihr Markenname soll Capri-Sonne sein.

Wie es sich Jahre später zeigen sollte, lagen wir mit der Wahl der Produktbezeichnung goldrichtig. Und der Name war als Warenzeichen bereits seit 1952 eingetragen. Doch das anvisierte Ziel, das Markenprodukt Capri-Sonne in Deutschland oder gar international zu etablieren, lag noch in weiter, weiter Ferne.

Auch uns war es nicht entgangen, daß die Kapazität der klapprigen kleinen Maschinen für eine sinnvolle Produktion nicht ausreichte. Erneute Verhandlungen mit Thimonnier. Wir brauchen leistungsfähigere Maschinen. Das sei technisch nicht realisierbar, wurde uns beschieden.

Angeblich sollten die gelieferten Maschinen 5 000 Beutel in der Stunde produzieren können. Doch auf mehr als 1 800 Beutel kamen wir in der Praxis selten. Sobald wir versucht hatten, die Maschinen höher zu fahren, produzierten sie mehr Ausschuß als brauchbare Produkte.

Selbstmachen, lautete erneut die Devise. Mit den bescheidenen Möglichkeiten unserer Betriebswerkstatt, die nicht für den Bau von größeren Maschinen ausgelegt war, begannen wir die ersten Abfüllmaschinen so umzugestalten, daß sie schließlich fast die doppelte Leistung brachten. Nur, daß dann das Getriebe ächzte, stöhnte und schließlich streikte.

Wieder zu Thimonnier. Wir brauchen ein leistungsfähigeres Getriebe für die umgebauten Maschinen. Da Thimonnier nichts Entsprechendes liefen konnte, mußten wir uns erneut selbst behelfen und fanden für die fehlenden Teile einen einheimischen Lieferanten. So wurden die Maschinen Stück für Stück verbessert und auf eine höhere Leistung ausgelegt.

Es gab in jenen Jahren der Experimentierphase zahllose weitere Probleme zu lösen. Zum Beispiel jenes mit der Verschweißung der Beutel. Die Kontaktschweißung brannte nahezu jede Stunde durch und mußte erneuert werden. Zudem wurden bei der ursprünglichen Konstruktion der Maschinen die Beutel oft verdrückt, rutschten zerknittert aus der Anlage. Und bei der Steigerung der Leistungsfähigkeit sollten zusätzliche Schwierigkeiten mit dem Aufblasen der Beutel auf uns zukommen.

Tatsache ist, daß auch in der Probierphase mit Capri-Sonne der Tag nur vierundzwanzig Stunden hatte und wir in der regulären Arbeitszeit mit der Produktion unserer Halbfertigfabrikate für die Nahrungsmittelbranche voll ausgelastet waren. Trotzdem haben wir tagsüber mit den Maschinen und der Beutelabfüllung experimentiert und bald schon Capri-Sonne produziert, während in der Nacht noch gebastelt und getüftelt wurde, die Maschinen repariert und technisch verändert wurden. Bemerkenswert ist, daß dieser Einsatz auch und gerade von jenen erbracht wurde, die an der Spitze des Unternehmens standen bzw. bis zum heutigen Tag mit Führungspositionen betraut sind.

Es waren längst nicht alle Probleme zufriedenstellend gelöst, als die ersten Beutel mit Capri-Sonne 1969 auf den Markt kamen. Damit standen wir bald vor der nächsten großen Aufgabe, nämlich einen eigenen Vertrieb für das neue Getränk aufzubauen.

Die Getränkeindustrie sah und begriff die Vorteile und Vorzüge der neuartigen Verpackung auch nach der Markteinführung nicht. Anfangs jedenfalls nicht. Mit den ersten Erfolgen von Capri-Sonne sollte sich dieser Umstand umgehend ändern.

Doch zunächst zeigten die Handelsvertreter für die Mitvermarktung eines neuen Produkts mit noch ungewissen Chancen wenig Begeisterung. Letztendlich entwuchs daraus ein Vorteil für uns: Wir mußten uns der Herausforderung stellen, und ich werde noch näher

Erste Capri-Sonne-Aufmachung 1969

darauf eingehen, wie es uns gelang, einen eigenen Vertrieb für die Vermarktung von Capri-Sonne aufzubauen. Erst damit hatten wir das alleinige Sagen.

Wiederum handelte es sich nur um einen Zeitvorteil. Denn als sich die ersten Erfolge unseres Produkts am Markt abzeichneten, gingen sogleich die Kopierer ans Werk.

Doch ich greife den Ereignissen vor. Die Geschichte der technischen Entwicklung, die Vermarktung in Deutschland und im Ausland ebenso wie der Kampf um die Marke verdienen es, als eigene Themenkomplexe behandelt zu werden.

Die Pionierzeit auf die ersten Jahre bei der Entwicklung der Beutel- und Maschinenentwicklung für die Capri-Sonne-Produktion zu begrenzen, wäre zu einfach gedacht. Vor, aber auch nach der Markteinführung 1969 hat es an Herausforderungen nicht gefehlt. Das Lernen, die Erweiterung des Horizonts, das Annehmen neuer *challenges* hört zu keiner Zeit auf.

Sicher konnten wir die Anfangsprobleme mit Material und Maschine in wenigen Jahren meistern, wir sind sogar zu Ideengebern und Vorreitern auf diesem Geschäftsfeld geworden.

Ökonomie und Ökologie, Wachstum und Globalisierung werfen jedoch stets neue Fragen auf. So befindet sich ein engagiertes Unternehmen in gewisser Weise immer in einer Pionierzeit. Es zeichnet sich in allen Phasen durch Anfängermut und Entdeckergeist aus, durch die in Amerika viel beschworene Einstellung der *can-do-attitude*.

Auch die Abenteuer des internationalen Geschäfts, die wir mit dem gleichen Enthusiasmus begonnen hatten wie die ersten Schritte in Heidelberg, sie standen uns noch bevor.

Erste Abenteuer unter heißer Sonne

Nachdem die ersten Beutel Capri-Sonne in Deutschland ausgeliefert waren, vergingen nur wenige Jahre, bis wir hierzulande die Marktführerschaft erobern konnten. Wir starteten mit den Sorten Orange und Zitrone, später folgte Apfel. Obwohl es inzwischen eine große Palette an Geschmacksrichtungen und landestypischen Varianten gibt, ist die Orange das bekannteste Erfrischungsgetränk im handlichen Trinkpack geblieben. Sie war und ist auch stets unsere Visitenkarte bei den ersten Begegnungen mit ausländischen Partnern.

Während wir einerseits noch mit dem Aufbau der Distribution in einem überschaubaren geographischen Umkreis beschäftigt waren, hatten wir andererseits schon das weitere Ziel vor Augen, auf Märkten außerhalb von Europa Fuß zu fassen.

Dieser Teil unserer Erfolgsgeschichte – die Anfänge des *Going global*, verbunden mit dem Anspruch, in jedem Land die wohlschmeckendste Orange in der Capri-Sonne-Tüte anzubieten – hat ebenfalls viel Pioniergeist erfordert. Denn die Erfahrung, unser Getränk in der ungewohnten Verpackung zu vermarkten, mußte praktisch überall neu gemacht werden. Und wie Jahre zuvor bei der Entwicklung des Produkts und der Abfüllmaschinen in heimischen Gefilden, so waren wir in den ersten Jahren der Ausweitung der Geschäftstätigkeit auf andere Erdteile wieder in der Rolle von Neulingen.

Aller Anfang ist schwer, und auch ein Unternehmen, dessen Produkt nach nur dreißig Jahren in knapp achtzig Ländern vertrieben wird, hat einst auf dem internationalen Parkett ganz klein anfangen müssen. Heute schmunzeln wir, wenn die Rede auf die »alten Zeiten« der internationalen Vermarktung kommt. Manche

Erste Geschäftskontakte in den Ölförderländern

abenteuerliche Begebenheit war jedoch alles andere als zum Lachen.

Viele der Ölförderländer haben sich in der sogenannten »Goldgräberzeit« plötzlich zu Importländern entwickelt. Die gestiegenen Preise für Rohöl auf dem Weltmarkt Anfang der siebziger Jahre sorgten in den Förderländern für eine komfortable finanzielle Situation, und jeder, der etwas zu verkaufen hatte, hielt dort Ausschau nach neuen Geschäftskontakten. Auch wir versuchten unser Glück in diesen Regionen. Erlebten herzliche Gastfreundschaft ebenso wie störrische, bestechliche Bürokraten. Wir bewegten uns mit der gebührenden Achtung in fremden Kulturkreisen. Aber wir mußten auch schon mal rennen, um mit heiler Haut davonzukommen.

In Bagdad zum Beispiel.

Horst Bussien, damals zuständig für die Vermarktung der von uns produzierten Abfüllmaschinen, begleitete mich in all den Jahren auf vielen Erkundungsreisen und zu Verhandlungen mit potentiellen Lizenznehmern. So auch in den Irak.

Den geschäftlichen Teil der Reise durften wir gleich nach der Ankunft in Bagdad abhaken. Wir wurden nicht rechtzeitig informiert, daß unser Interessent wegen eines kleinen, aber unangenehmen Eingriffs im Krankenhaus lag. Für geschäftliche Verhandlungen brachte der frisch operierte Mann im Sitzkissen wenig Begeisterung auf. Wir wünschten gute Besserung und hatten auf einmal unerwartet viel freie Zeit.

Der Standard der irakischen Hotels versprach zu jener Zeit keine Abwechslung. Um der Eintönigkeit und der Hitze in unserem kleinen Hotelzimmer zu entfliehen, beschlossen wir auszugehen. Wir fanden auch tatsächlich unweit des Hotels ein Lokal, in dem Bier ausgeschenkt wurde. Die Lokalität ähnelte einem Kinosaal. Im großen Raum saßen nur einheimische Gäste. Die Araber kauften ihre Getränke an der Theke und suchten sich dann einen Platz in den langen Stuhlreihen. Wir taten es ihnen gleich.

Ein gemütlicher Abend wurde es wahrlich nicht.

Auf einmal setzte Tumult und Geschrei in der letzten Reihe hinter uns ein, und wir wurden Augenzeugen einer wüsten Messerstecherei, bei der ein Gast ums Leben kam.

In der aufgeheizten Atmosphäre richtete sich die Aufmerksamkeit plötzlich bedrohlich auch auf uns. Die Selbstverständlichkeit, mit der wir uns als Fremde unter den Einheimischen bewegt hatten, war im Nu verschwunden. In dieser indifferent bedrohlichen Stimmung schien es uns ratsam, den Saal schleunigst zu verlassen. Kaum daß wir auf der Straße waren, sprangen auch schon einige Gestalten in Uniform hinter uns her. Ihre Absicht ließ sich schwer einschätzen, aber wir waren in der Situation nicht neugierig, nähere Einzelheiten zu erfragen. So wählten wir die Alternative, unsere läuferischen Qualitäten unter Beweis zu stellen. Zum Glück war es bis zum Hotel nicht weit, doch die Verfolger blieben uns dicht auf den Fersen. Erst als sich die Tür des Hotels hinter uns schloß, ließen sie von uns ab. Unsere Aufregung war relativ schnell verflogen. Der Durst blieb.

Wir verließen Bagdad mit der Einsicht, daß es auch Länder geben müsse, in denen die Vermarktung von Capri-Sonne zu einem späteren Zeitpunkt auf die Tagesordnung zu setzen sei.

Etwas mehr Glück hatten wir in Saudi-Arabien. Obschon seinerzeit kein einziger Beutel Capri-Sonne die dortige Produktionsstätte verlassen hatte. Die moderne Anlage wurde im wahrsten Sinne des Wortes in den Sand gesetzt – wenn auch nicht durch unser Verschulden.

Wer heute die moderne Hafenstadt Dschidda am Roten Meer besucht, wird sich nur schwer vorstellen können, daß vor einem Vierteljahrhundert die Flugzeuge dort auf einem besseren Feldflughafen gelandet sind, daß die Zimmer, die wir gebucht hatten, manchmal gar nicht vorhanden waren, so daß wir auch mal in einem Frühstücksraum übernachten mußten.

Dessen ungeachtet haben wir einen unserer ersten Lizenzverträge mit einem Geschäftsmann aus Saudi-Arabien abgeschlossen. Er stammte nicht einmal aus der Lebensmittelbranche, fand aber Gefallen an der Idee, unsere Abfüllanlage zu kaufen und Capri-Sonne zu produzieren.

Wie vereinbart lieferten wir die Baupläne für eine Fabrik, wir schickten ebenfalls die Maschinen und das nötige Zubehör. Die andere Seite erfüllte alle finanziellen Vereinbarungen aus dem Lizenzvertrag zu unserer vollen Zufriedenheit.

Nur, daß sonst nichts weiter geschah. Die Baupläne, die wir geliefert und vor Ort besprochen hatten, lagen bei einem Besuch vier Wochen später noch unberührt in derselben Rolle am selben Platz, wo wir sie hingelegt hatten. Überhaupt schien unser Geschäftsfreund sich bald für andere Geschäftsfelder zu interessieren.

Die Container mit unseren gelieferten Maschinen sind vermutlich bis heute nicht ausgepackt worden.

Selbstverständlich wird in Saudi-Arabien wie auch in anderen Ländern im Nahen Osten heute Capri-Sonne produziert, in den Vereinigten Arabischen Emiraten bereits seit 1984. Denn wir haben nicht nachgelassen, engagierte Lizenzpartner in der Region zu finden. Anfängliche Fehlschläge waren für uns in der Regel eher Ansporn, es immer wieder zu versuchen. Und im Laufe der Zeit, mit der Ausweitung unserer internationalen Geschäftstätigkeit, haben wir viel über andere Kulturen, andere Mentalitäten gelernt.

Das gegenseitige Verständnis unter Menschen aus unterschiedlichen Kulturkreisen halte ich seit meiner frühen Jugend für einen Grundpfeiler des friedlichen

Miteinanders. Ich reiste damals schon oft und gern, ich studierte im Ausland und weiß, wie sehr die Begegnung mit anderen Kulturen die Toleranz fördert.

Der verständnisvolle Umgang mit Werten und Weltanschauungen in anderen Kulturen gehört sozusagen zum Geschäft, wenn man international tätig sein will. Doch wo sind die Grenzen der Aufgeschlossenheit gegenüber ethnischen Eigenheiten?

Eines meiner Schlüsselerlebnisse hatte ich in Dschidda, bei einer der ersten Reisen in die arabische Region. Die Zeit zwischen den Geschäftsterminen nutzten wir zu einem Spaziergang durch die geschäftigen Gassen und kamen zu einem belebten Platz. Ein ungewöhnlich großer Menschenauflauf machte mich neugierig.

Bis ich gewahr wurde, welches Ereignis sich dort gleich abspielen sollte.

Nein, der öffentlichen Bestrafung eines Diebes wollte ich nicht beiwohnen. Ich wollte und konnte weder zuschauen, wie dem Delinquenten die Hand abgehackt wird, noch kann ich Verständnis für diese Art von Bestrafung aufbringen.

Es ist nach wie vor eine Gratwanderung, gerade auch im Zuge zunehmender Globalisierung der Wirtschaft, eine Synthese zwischen unterschiedlichen Identitäten herzustellen. Wir müssen stets lernen, andere Mentalitäten zu verstehen, das Fremde zu achten, ohne dabei das Eigene, das Wertesystem unserer Kultur zu verleugnen.

In der Pionierphase unserer Auslandsaktivitäten, noch ohne hilfreiche Auslandsvertretungen, die uns vor Ort auf regionale Besonderheiten hätten vorbereiten können, mußten wir bei unserer weltweiten Akquisition manche abenteuerliche Situation in Kauf nehmen. Und die Kids, die in ihrer Phantasie Capri-Sonne oft mit Reiseerlebnissen und Abenteuer verbinden, ahnen gar nicht, wie real die Abenteuer waren, als wir für Capri-Sonne rund um den Globus reisten.

Auch unser Engagement in Nigeria 1980 ließ an ungewöhnlichen Erlebnissen nicht zu wünschen übrig.

Kaduna liegt im Inneren des Landes, etwa 10 Grad nördlich des Äquators. An diesem Ort in der afrikanischen Savanne wurde zum ersten Mal Capri-Sonne auf dem Schwarzen Erdteil produziert.

Nach Kontakten auf einer europäischen Messe zeigte eine Investorengruppe aus Nigeria großes Interesse an der Aufnahme der Produktion vor Ort. Eines der Mitglieder war ein Stammesfürst aus Kaduna, der mit seiner stattlichen Erscheinung in schneeweißer Tracht bei seinen Besuchen in Heidelberg viel Aufsehen erregt hatte.

Bei der Errichtung der Fabrik und für die Einrichtung der Produktion lag es dann an uns, etliche Besuche in Kaduna abzustatten. Probleme bereitete allerdings weniger der Auftrag oder die technische Herausforde-

Capri-Sonne-Verkaufsstand Nigeria, 1982

rung. Nein, unsere Experten mußten überhaupt erst einmal nach Kaduna kommen. Und von dort wieder wegkommen.

Der nächste Flughafen liegt eine halbe Tagesfahrt von Kaduna entfernt. Wohlgemerkt Tagesfahrt. Nachts auf der unbeleuchteten Piste zwischen dem Flughafen in Kano und Kaduna konnte es lebensgefährlich werden. Manche überfahrene Kamele am Straßenrand zeugten von nächtlichen Zusammenstößen zum Schaden für Mensch und Tier. Aber auch wenn man unbeschadet und pünktlich den Flughafen erreicht hatte, bedeutete das noch lange nicht, daß man abfliegen durfte.

Die Buchung der Tickets erfolgte handschriftlich und wurde per Telex weitergeleitet. Die wenigen internationalen Flüge bedienten den kleinen Flughafen Kano nur mit einer Zwischenlandung, und da passierte es schon mal, daß das Flugzeug einfach überbucht war. Dann hieß es warten und hoffen, daß man anderentags mit einer anderen Fluggesellschaft mehr Glück hatte. Bloß, wo verbringt man die Nacht im brütendheißen Kano? Wenn der freundliche Nigerianer an der Hotelrezeption betreten den Kopf schüttelt? Beim Anblick einiger Dollarnoten kann er dann doch ein Zimmer anbieten, aber ohne Klimaanlage. Für ein paar Dollar mehr ist dann wunderbarerweise auch ein klimatisierter Raum vorhanden. Erst zum Schluß, auf dem Weg zum begehrten Zimmer, realisiert man, wie das System funktioniert: Es kommt einem ein armer Teufel mit Bettwäsche und Gepäck unterm Arm entgegen, der nun seine Nacht in einem schäbigen Eck des Hotels verbringen darf.

Solche und ähnliche Erlebnisse wurden in jenen Jahren in unserer Betriebskantine in Eppelheim oft erzählt. Horst Bussien durfte in Nigeria einmal sogar das Leben der Frauen eines muslimischen Taxi-Chauffeurs retten.

Wie üblich mußte wegen eines Buchungsfehlers mal wieder alles sehr schnell gehen. Vom Hotel zum Flughafen und dann zurück und hastig zum Reisebüro und wieder zum Hotel oder zum Flughafen. Jedenfalls so ungefähr. Auch der Taxifahrer wollte bei diesem Hin und Her Zeit und Wege sparen und machte auf einer breiten, vierspurigen Straße kehrt. Eine nennenswerte Beeinträchtigung des Verkehrsflusses hatte das zwar nicht zur Folge, aber die zwei Polizisten, die plötzlich auf ihren riesigen Motorrädern herangebraust kamen, waren anderer Meinung. Das Wenden auf der Straße sei verboten, der Taxifahrer müsse festgenommen werden, entschieden sie.

Und schon fuhr das Taxi samt Fahrgast zum nächsten Polizeirevier, links und rechts eskortiert von den beiden Ordnungshütern, mit der Pistole im Anschlag.

Während der Fahrt begann der Chauffeur zu wehklagen, daß seine armen Frauen nun verhungern müßten. Denn als guter Muslim schließe er sein Haus stets gut ab. Wenn er jetzt für Wochen ins Gefängnis müsse, könne sich niemand um seine Frauen kümmern, und die könnten unmöglich das Haus verlassen.

Die tröstenden Worte, daß man wegen eines unbedeutenden Vergehens doch nicht gleich ins Gefängnis gesteckt werde, verfehlten ihre Wirkung. Der Taxifahrer antwortete, wenn die Polizisten in eine Seitenstraße abbiegen würden, dann wollten sie nur Geld. Aber sie fuhren schnurstracks zum Revier.

Horst Bussien schob dem völlig aufgelösten Fahrer schnell einige Dollarscheine zu, bevor dieser abgeführt wurde. Und tatsächlich kam der Taxifahrer wenige Minuten später freudestrahlend als freier Mann zurück.

Wer welchen Anteil in diesem »Bestechungsskandal« kassiert hatte, bleibt für immer ein Geheimnis. Der Fahrer, der mit den üblichen Summen wohl vertraut war, händigte seinem Wohltäter gar einen Rest der zuvor erhaltenen rund dreißig Dollar wieder aus.

Seine Frauen waren gerettet, und sogar das Flugzeug hatte man glücklich erreicht.

Korruption, Schmiergelder, Bestechlichkeit werden häufig und gern mit fernen, exotischen Ländern in Zusammenhang gebracht. Welch eine Überheblichkeit. Und wir müssen uns auch fragen, ob nicht manches, was wir in anderen Ländern belächeln oder ablehnen, nicht verstehen oder scharf verurteilen, seine Wurzeln in einem allzu plötzlichen Aufeinandertreffen unterschiedlicher kultureller und wirtschaftlicher Entwicklungen hat.

»Geld, das sind die paar Groschen, mit denen man ein Schlückchen Gin, eine Prise Tabak, einen Happen Fisch oder ein Klößchen Fufu ersteht. Aber der Reichtum kommt in Säcken, in jedem Sack ein Vermögen, und man weiß nicht, wohin damit, weil sie so schwer sind und weil sie gierige Menschen anlocken, so daß man ein gutes Versteck finden muß ...«, schrieb der nigerianische Schriftsteller Ken Saro-Wiwa in einer Kurzgeschichte. Der Bürgerrechtler und Universitätsdozent, der für den Friedensnobelpreis nominiert war, wurde in Nigeria von einem Sondergericht zum Tode verurteilt und trotz internationaler Proteste hingerichtet.

Völkerverständigung, Begegnung der Kulturen, *flexible approach* gehören zu den Themen, die in jedem Land, bei jedem beginnenden geschäftlichen Kontakt neu überdacht werden müssen.

Auf dem Weg zur modernsten Technik

Die ersten Jahre nach der Markteinführung von Capri-Sonne bildeten den Anfang zu einer spannenden, stürmischen Entwicklung: Wie wir aus heimischen Tüftlern zu Experten im Maschinenbau geworden sind.

Zunächst hatte sich alles um die Frage gedreht, wie Capri-Sonne in die Tüte kommt. Wesentliche technische Probleme hatten wir bis 1969 bereits gelöst. Doch die Abfüllmaschinen arbeiteten noch bei weitem nicht effizient genug. Und mit der Folie, also dem Verpackungsmaterial, aus dem die Beutel hergestellt werden, und schließlich mit der Beutelherstellung selbst hatten wir auch nach der Markteinführung noch unsere liebe Not.

An Anstrengungen, pfiffigen Ideen und vielerlei Verbesserungen, um die in Frankreich gekauften Maschinen zu modernisieren, hatte es bei uns in Eppelheim nicht gefehlt. Doch es zeigte sich bald ein grundsätzliches Problem: Weder unser Maschinenlieferant noch Wettbewerber waren in der Lage, rasch und flexibel auf unsere Bedürfnisse zu reagieren. Die schnell steigende Nachfrage nach Capri-Sonne und die Innovationen bezüglich ihrer Verpackung diktierten aber das Tempo. Und trotz unserer Experimentierfreudigkeit ließen sich die Maschinen von der Firma Thimonnier nicht entsprechend zügig weiterentwickeln.

Eine wirtschaftlich effektive Produktion und die Verminderung von Verlusten und Wartungsaufwand waren schließlich nur durch ein radikales Umdenken möglich. Sollten wir es wagen, Abfüllmaschinen nach eigenen Vorstellungen und Bedürfnissen selbst zu konstruieren und zu bauen? Oder sollten wir womöglich eine neue Maschinengeneration, ein gänzlich neues System entwickeln?

Die 18 Maschinen von Thimonnier bewältigten mit Ach und Krach die Produktion in den ersten drei Jahren. Da es sich dabei um sehr anfällige Geräte handelte, wurden sie praktisch Nacht für Nacht repariert und gewartet, damit tagsüber produziert werden konnte. Mit diesen halbautomatischen Maschinen war auf Dauer kein Staat zu machen.

Auch an die Folie, aus der die Beutel für Capri-Sonne hergestellt werden, stellten sich mit der Ausweitung und Beschleunigung der Produktion neue technische Anforderungen. Und die Beschaffenheit der Folie erforderte wiederum neue Konzepte in den Abläufen der Beutelherstellung.

Produzent und Lieferant der Verbundfolie war von Anfang an die Firma Kalle, ein Tochterunternehmen des Chemiekonzerns Hoechst, heute Aventis. Die von Kalle entwickelte Verbundfolie besteht aus drei hauchdünnen Schichten. Die mittlere Schicht ist eine Aluminiumfolie von heute nur noch 0,009 Millimeter Stärke. Sie ist innen und außen jeweils mit Kunststoff beschichtet (PET: 0,012 Millimeter bzw. PE: 0,08 Millimeter). Das Gesamtgewicht eines Beutels beträgt somit lediglich 4,5 Gramm.

Schon die knappen Angaben über die Beschaffenheit des Verpackungsmaterials machen deutlich, welch hohe technische Herausforderung die Herstellung eines Beutels bedeutet: Die Folie muß einerseits dünn und leicht sein, andererseits aber den Verpackungsinhalt optimal vor Licht, Sauerstoff und Fremdgerüchen schützen. Trotz der extrem dünnen Verbundschichten muß die Folie außerdem äußerst reißfest und haltbar sein. Diese Materialeigenschaften waren grundsätzliche Voraussetzungen, zum einen wegen der starken Beanspruchung bei der Beutelherstellung, zum anderen, weil die Beutel Frische und Appetitlichkeit des Getränks für vierzehn Monate garantieren müssen.

Somit hatten wir anfangs nicht nur mit Problemen auf dem Gebiet der Abfüllmaschinen zu kämpfen. Wir meldeten alsbald auch Sonderwünsche und Verbesserungsvorschläge bezüglich der Beschaffenheit der Folie an. Da es sich um eine ganz neue Verpackungsidee handelte, verfügte auch unser Folienlieferant noch nicht über die ausreichende Erfahrung mit dem Material. Unsere eigenen Experimente mit dem neuartigen Verpackungsmaterial trugen deshalb viel zur Verbesserung der Qualität der Dreifachverbundfolie bei.

Wir entwickelten uns zu Folienexperten

Es kam in der Anfangsphase der Produktion mehrfach vor, daß Beutel plötzlich ausliefen. Wir betrieben Ursachenforschung und stellten schließlich fest, daß die innere Kunststoffschicht gelegentlich mikroskopisch kleine Löcher aufwies. Als Fehlerquelle konnte die mangelnde Qualität des verwendeten Kunststoffgranulats eruiert werden.

Auch die Steigerung des Produktionstempos bereitete zunächst Probleme. Es konnte nämlich passieren, daß durch die extrem hohe Spannung bei der Herstellung der Rohfolie hier und da poröse Stellen in den langen Kunststoffbahnen entstanden waren.

Solche Unregelmäßigkeiten in der Beschaffenheit des Materials waren dann die Ursache, daß der Saft während der Lagerung im Beutel durch die Poren drang und mit der mittleren Aluminiumschicht in Kontakt geriet. Durch die Erschütterung während des Transports kam es gelegentlich zu Durchbrüchen im Aluminium, was letztlich zum Austritt der Flüssigkeit führte. Solche Anfangsprobleme, die wir nach und nach in der täglichen Praxis aufgedeckt haben, gehören natürlich längst der Vergangenheit an. Wir haben im Laufe der Zeit sicherheitshalber selbst Geräte für die Qualitätsprüfung der Folie entwickelt. Diese Prüfinstrumente werden mittlerweile überall in der Folienindustrie eingesetzt. Nur ein Beispiel, wie wichtig bei uns das Prinzip *learning by doing* genommen wird.

Auch das Rätsel der ominösen schwarzen Punkte ist eine hübsche Geschichte aus der Pionierzeit.

Friedrich Stumpf, heute in der Führungsspitze unseres Unternehmens, Geschäftsführer Europa und unter anderem für die Vermarktung von Capri-Sonne in Europa zuständig, kam eines Tages und fragte entsetzt: Was ist bloß plötzlich mit dem Verpackungsmaterial los? Sollte das etwa ein neues Design sein? Da sind doch überall schwarze Pünktchen in der Folie.

Unser Lieferant dementierte heftig. Nichts sei neu an der Folie, sie werde nach dem gleichen Qualitätsstandard wie eh und je hergestellt, und auch an der Produktionsstätte sei alles tipptopp sauber.

Aber irgendwoher mußten die geheimnisvollen schwarzen Punkte ja kommen.

Wir schnitten die beanstandeten Stellen aus der Folie aus, legten sie in Alkohollösung und analysierten das Ergebnis. Die Pünktchen erwiesen sich als Kohlepartikel. Doch weder bei uns noch bei der Firma Kalle gab es Kohle in den Produktionsräumen. Es dauerte eine Weile, bis das Rätsel ganz gelöst werden konnte.

Schuld war ein mit Kohle befeuertes Kesselhaus, genauer die Anlieferung des Heizmaterials. Das Kesselhaus stand zwar in einiger Entfernung von der Produktionsstätte der Folien, doch jedes Mal, wenn für die Firma Kalle Kohle angeliefert wurde, stieg eine Wolke von feinem Kohlestaub in die Lüfte, und diese winzigen Partikel konnten sogar durch kleinste Ritzen in die Produktionsräume gelangen.

Unsere Detektivarbeit war erfolgreich abgeschlossen, um den Rest mußten sich Fenster- und Türenbauer kümmern.

Von solchen relativ schnell lösbaren Schwierigkeiten abgesehen, waren wir über Jahre hinweg mit den bereits angesprochenen Problemen bezüglich der Maschinen beschäftigt. Und zu Recht mußten wir es uns sagen lassen: Die Qualität der Folie ist inzwischen optimal, und wenn der Ausschuß bei der Beutelproduktion trotzdem zu hoch ist, müsse der Umstand bei den Maschinen zu suchen sein.

Mühsam lernten wir, Material und Maschine als eine Einheit zu begreifen. Schritt für Schritt sammelten wir die Erfahrungen, wie die Beschaffenheit der Folie und die Möglichkeiten der Maschine maximal aufeinander abzustimmen waren.

In diesen jahrelangen Prozessen des *learning by doing* haben wir auch gelernt, Synergien zu nutzen, bevor dieser Begriff in aller Munde war.

Wir waren nicht mehr das einzige Unternehmen, das »auf den Geschmack« gekommen war. Unmittelbar nachdem sich die Vorteile der innovativen Verpackung dank unserer ersten Erfolge mit der Folie in der Branche herumgesprochen hatten, versuchten mehrere andere Firmen ihr Glück, Getränke im Beutel auf den Markt zu bringen. An die dreißig Konkurrenten haben eine Weile herumexperimentiert und mußten bald wieder aufgeben. Sie erreichten mit ihren Maschinen keine effizienten Stückzahlen. Auch die Schwierigkeiten bei der Verarbeitung des flexiblen Materials wurden stark unterschätzt. Oder man scheiterte schon im Vorfeld an anderen technischen Problemen.

Wir haben trotz aller Anfangsschwierigkeiten nicht aufgegeben.

Capri-Sonne ist die einzige Getränkemarke, deren Abfüllung und Verpackung von Grund auf bis zur Weltmarktreife im eigenen Unternehmen entwickelt wurde. Sozusagen von der Nähmaschine zum perfekten Abfüll- und Verpackungssystem.

Die entscheidende Weichenstellung läßt sich auf die Jahre 1972 und 1973 datieren. Wie ich bereits erwähnt hatte, fiel mir als Student die Aufgabe zu, die Verhandlungen mit der Firma Thimonnier zu führen. Mit dem Beginn der marktreifen Produktion von Capri-Sonne 1969 mußten wir unseren Maschinenlieferanten Jahr für Jahr mit dem gleichlautenden Problem konfrontieren: Wir benötigen jede Menge leistungsfähige Maschinen. Nominell sollten diese Maschinen 5 000 Beutel in der Stunde füllen können. In der Praxis haben sie maximal eine Leistung von 1 800 Stück pro Stunde erbracht.

Leistungsfähige Maschinen waren nicht lieferbar

Aus den Erfahrungen der Pionierjahre wußten wir inzwischen ganz genau, wo es hakte, was an den Maschinen grundsätzlich verändert werden mußte. Mein Vater und Friedrich Stumpf waren der festen Ansicht, daß eine anders konstruierte Maschine mindestens 8 000 Beutel in der Stunde füllen konnte. Aber als wir den Wunsch äußerten, daß wir Maschinen mit dieser Fülleistung benötigen, wurde uns beschieden, daß das technisch unmöglich sei. Weder Thimonnier noch ein anderer Maschinenbauer sei dazu in der Lage. Die Reaktion meines Vaters war in solchen Momenten fast schon voraussagbar. Wenn das niemand packt, müssen wir eben selbst die leistungsstärkere Maschine bauen.

Wie so oft in unserer Unternehmensgeschichte stand auch hier am Anfang die Idee, die Begeisterung und die Überzeugung von der Machbarkeit. Die technischen Voraussetzungen mußten dann im zweiten Schritt erst mühsam geschaffen werden.

INDAG, unser heutiges Maschinenzentrum, arbeitete zwar seit 1969 in Eppelheim. Doch INDAG baute zunächst keine Maschinen, sie war eine prozeßtechnische Firma, deren Aufgaben in der Sirupraumtechnologie angesiedelt waren. Sie bot unseren Kunden also technische Lösungen an, damit der von uns gelieferte Getränkegrundstoff verdünnt, gemischt und abgefüllt werden konnte. Ansonsten verfügten wir im Werk nur über die normale Instandsetzungsabteilung, mit deren Hilfe wir schon in den Jahren zuvor versucht hatten, die von Thimonnier stammenden Maschinen leistungsfähiger zu machen.

Nachdem Mitte 1972 die Entscheidung gefallen war, den Prototyp einer Maschine nach eigenen Vorstellungen zu bauen, schauten wir uns nach geeigneten Fachleuten um, die uns bei der Umsetzung der Ideen technisch helfen konnten. Die Wahl fiel auf das kleine Ingenieurbüro Kücherer in Heidelberg. Die Ingenieure dort verfügten zwar nur über eine winzige Werkstatt, aber uns kam es in erster Linie darauf an, daß sie uns bei der Konstruktion Hilfestellung leisteten. Es zeigte sich nach der ersten Besprechung, daß wir die richtige Wahl getroffen hatten. Und die Zusammenarbeit währt bis in die jüngste Zeit. Nur, daß wir seinerzeit als Newcomer mit einem für damalige Verhältnisse großen Auftrag die Räume des Ingenieurbüros betreten hatten, während wir heute über ein großes eigenes Maschinenbauzentrum verfügen, das nach wie vor einzelne Arbeiten von Kücherer ausführen läßt.

Mein Vater und Friedrich Stumpf legten in den ersten Gesprächen die Vorstellungen und Entwürfe von einem zunächst einreihigen Prototypen dar, von einer Abfüllmaschine, die aber 8000 bis 10000 Beutel Capri-Sonne in der Stunde produzieren können sollte. Und der Konstruktionszeichner Eberhard Kraft begann bei Kücherer mit der Arbeit am Reißbrett. Weder er noch wir ahnten in jenen Tagen, wie schnell und radikal diese ersten technischen Zeichnungen des Ingenieurs Hardy Kraft sein persönliches Arbeitsumfeld und die gesamte Produktion von Capri-Sonne verändern würden.

Station für Station wurde die neue Maschine am Reißbrett entworfen, es waren jedoch regelmäßig praktische Testreihen nötig. Aufgrund der neuen Erkenntnisse ging es wieder an die Konstruktion und erneut zurück in die Werkstatt. Die räumlichen Verhältnisse des Ingenieurbüros boten für die praktischen Versuche nicht genug Platz, so wurde der im Bau befindliche Prototyp der Füllmaschine aus der winzigen Werkstatt zu uns transportiert und in einer Halle aufgestellt, um hier daran arbeiten zu können. Während die ersten Versuche liefen, produzierten wir in der Nachbarhalle natürlich mit den alten Maschinen weiter.

Ein reger Pendelverkehr zwischen dem Ingenieurbüro und unserem Betrieb setzte ein. Eberhard Kraft avancierte zum Leiter des Projekts.

Noch heute erzählt er begeistert von der Zeit, als er fast täglich und oft noch nach Feierabend mit neuen Bauteilen für die Maschine im alten Ford Transit bei uns im Werk ankam. Mein Vater half ihm beim Abladen, dann wurde bis in die Nacht in der Werkshalle gebaut, geschraubt, geschweißt, getestet. In dem halben Jahr bis Ende 1972 hatte man allmählich begonnen, unsere Betriebsschlosser zu Maschinenbauern »umzuschulen«. Für manche Arbeiten mußten wir zunächst noch auswärtige Mechaniker heranholen, aber im wesentlichen haben mein Vater, Friedrich Stumpf und Eberhard Kraft unsere erste funktionstüchtige Maschine gebaut. Und weil die produzierten Beutel auch schnell genug in Zehnerboxen verpackt werden sollten, erfand mein Vater »nebenbei« eine Verpackungsvorrichtung, die dann auch patentiert wurde. Die drei Männer waren ein begeistertes Team von begabten Tüftlern, und Friedrich Stumpf witzelte gelegentlich: Der Ingenieur Kraft arbeitet in der falschen Firma. Mitte des Jahres 1973 wechselte Eberhard Kraft dann endgültig zu uns, als bereits fünf Maschinen des neuen Typs liefen.

Ein halbes Jahr hat es gedauert, die Grundzüge einer eigenen Capri-Sonne-Abfüllmaschine zu entwickeln. Es würde tief in die fachliche Materie führen, die technischen Probleme und ihre Lösungen hier detailliert auszuführen und alle Hürden aufzuzählen, die in jenen sechs Monaten zu nehmen waren.

Eine der größten Herausforderungen an die Techniker stellte die Station dar, in der die Beutel geöffnet,

Moderne Maschinen produzieren bis zu 24 000 Beutel pro Stunde

aufgeblasen und gefüllt wurden. Es macht einen gewaltigen Unterschied, ob 2 000 bis 3 000 Beutel oder die doppelte bis dreifache Menge in der Stunde die Station passieren. Schließlich war es Ende 1972 geschafft, die Öffnungs- und Füllstation für die Beutel zufriedenstellend zu gestalten. Diese technische Innovation aus jener frühen Phase der Entwicklung ist bis heute Standard in der gesamten Branche.

Mittlerweile fahren Maschinen bei uns mit einer Kapazität von 18 000 bis 24 000 Beutel in der Stunde. Wir sind damit das einzige Unternehmen, das technische Lösungen für so hohe Leistungen bei flexiblen Packungen gefunden und weiterentwickelt hat. Permanente Innovation haben wir damals wie heute als wichtigsten Motor unseres Unternehmens begriffen.

Man sollte auch nicht vergessen, daß uns Anfang der siebziger Jahre viele Errungenschaften der modernen Technik nicht zur Verfügung gestanden haben. Vieles, was heute computergesteuert läuft, mußte seinerzeit auf mechanischem Wege gelöst werden.

Man stelle sich nur zum Beispiel vor, die Menge von exakt 200 Gramm beziehungsweise Milliliter bei den hohen Geschwindigkeiten zu dosieren. Auch die dafür nötigen Dosierpumpen in den heutigen Maschinen haben wir bereits beim Bau des ersten Prototypen zusammen mit einer Firma entworfen und anschließend stetig weiterentwickelt.

Ende des Jahres 1972 konnten wir probeweise unsere erste Maschine einsetzen. Doch damit standen wir erst am Anfang zu einer atemberaubend schnellen Entwicklung, die den Getränkehersteller und mittlerweile auch Maschinenproduzenten aus Heidelberg hinaus auf die Weltmärkte führen sollte.

Mit neuer Maschinengeneration in die Welt

Nach Abschluß meiner Dissertation über »Das marktbeherrschende Unternehmen im französischen Recht« stieg ich nicht sofort im väterlichen Unternehmen ein. Ich kannte unsere Firma von Kindesbeinen an, so schien es mir angebracht, zunächst ein anderes Unternehmen aus der Führungsposition kennenzulernen und unternehmerische Erfahrungen in einem branchenfremden Wirtschaftsbereich zu sammeln.

Am norddeutschen Arbeitsplatz wie bei meinen Heimaturlauben wurde respektvoll über »den ersten süddeutschen Reeder« geschmunzelt. Vier Jahre lang war ich in Bremen tätig und leitete dort bei der Firma Diersch & Schröder als Geschäftsführer die Bereiche Mineralöl, Chemie und Reederei.

In der heißen Phase der großen Umwälzungen bei WILD und im Maschinenbau bat mich mein Vater, nach Heidelberg zu kommen. Ende 1973 kehrte ich aus der Hansestadt in die Kurpfalz zurück.

Über die Entwicklung in unserem Unternehmen habe ich mich trotz der räumlichen Distanz laufend informiert. Vor allem die neuen Ideen und die technischen Innovationen in jener Zeit, die zu einer neuen Maschinengeneration führen sollten, beflügelten auch meine Phantasie.

Ich wußte seit meinen Verhandlungen mit Thimonnier in Frankreich, wie entscheidend für uns die Fragen effizienter Produktionsabläufe waren. Und ich wußte oder spürte intuitiv, daß nur weitere Innovationen auf dem Gebiet der Technologie uns in die Lage versetzen würden, unseren Errungenschaften im *Flavor*-Know-how mit der Internationalisierung eines neuen Capri-Sonne-Konzepts die gebührende Anerkennung zu verschaffen.

Im Komponieren von Geschmack für die Getränkeindustrie spielten wir in Deutschland inzwischen die erste Geige. Nun würde aber auch im Maschinenbau die Musik spielen müssen. Denn es fehlte uns in der ersten Hälfte der siebziger Jahre noch ein wichtiges Instrument, um das Geschäftsvolumen erheblich auszubauen. Das Ausland sollte dabei die Rolle des Impulsgebers übernehmen und einen Nachfrageboom auslösen. Um aber erfolgversprechend ins Exportgeschäft einsteigen zu können, benötigten wir nicht nur erstklassige Maschinen für die Beutelherstellung und Abfüllung. Ein neuer Ansatz, ein innovatives Konzept der internationalen Vermarktung, reifte in meinen Überlegungen heran. Wir mußten nicht nur das Produkt, sondern gleichzeitig auch die dazugehörige Produktionstechnologie weltweit anbieten. Es reichte nicht aus, in Heidelberg zu produzieren und von hier aus die fernen Märkte zu beliefern. Dort, wo Capri-Sonne getrunken werden würde, sollten auch Produktionsstandorte entstehen. Franchising würde die Zauberformel heißen, wenn wir international wettbewerbsfähig werden wollten.

Ich kam aus Bremen zurück und war von der Idee fasziniert, mit Capri-Sonne die Weltmärkte zu erobern. Dabei hatten wir zu jener Zeit noch nicht einmal unsere Hausaufgaben in Deutschland zufriedenstellend gemacht. Die Ziele aber waren gesteckt, es standen uns erneut arbeitsintensive Jahre bevor.

Anfang 1973 produzierte unsere erste selbstgebaute Maschine, im Laufe des Jahres konnten vier weitere Maschinen aufgestellt und in Betrieb genommen werden. Schritt für Schritt ersetzten wir die alten, ineffizient arbeitenden Geräte. Ende 1973 stand unsere erste Transferstraße, damals ein Novum in der Branche. Fünf Maschinen produzierten auf ein Förderband zu, die in Zehnerboxen verpackten Capri-Sonne-Beutel wurden schließlich einer Kartoniermaschine zugeführt.

Die Entwicklung verlief Jahr für Jahr rasant, was nicht heißt, daß alles schon in trockenen Tüchern gewesen wäre. Oft genug kam Eberhard Kraft abends aus der Halle und konnte seinen Arbeitskittel buchstäblich hinstellen. Immer wieder platzten die Schweißnähte der Beutel, es spritzte der süße Saft, und der mit dem Sirup getränkte Stoff war bis zum Abend steif von der dicken Schicht aus getrocknetem Zuckerguß.

Stetige Verbesserung und Innovation auf dem Gebiet der Maschinentechnologie stand also nach wie vor hoch im Kurs. Aber wir sind schnell gewachsen, haben nach der ersten auch in einer zweiten und dritten Halle mit unsere Maschinen aufgebaut. Angefangen mit rund 15 Millionen Beutel Capri-Sonne pro Jahr konnten wir das Produktionsvolumen Jahr für Jahr in etwa verdoppeln.

Als wir einen Ausstoß von 60 Millionen Trinkpacks im Jahr erreicht hatten, fragte ein Mitarbeiter: Wenn das so weitergeht, wenn wir weiter neue Maschinen bauen, wer soll denn diese Menge an Capri-Sonne trinken? Mein Vater rechnete ihm vor, daß wir, wenn jeder hierzulande nur eine einzige Capri-Sonne im Jahr trinkt, schon 60 Millionen Beutel verkauft haben. Meine viel weiter reichenden Ziele und Größenordnungen waren unseren Mitarbeitern erst recht schwer zu vermitteln. Und daß 25 Jahre später weltweit über vier Milliarden Trinkpacks Capri-Sonne pro Jahr getrunken werden würden, das konnte sich damals wahrlich niemand vorstellen.

Nicht nur technische Innovationen, auch die stetige Motivation der Mitarbeiter zählte zu den wichtigen Aufgaben unseres Führungsteams. Im Jahre 1976 erlebten wir den heißesten Hochsommer seit langem. Brauereien und Mineralbrunnen kämpften mit Lieferengpässen. Der Umstand wirkte sich bei uns so aus, daß ich um 17 Uhr zusammen mit der Führungsetage und den Büromitarbeitern zwar die Büroräume verließ,

Auch die Führungsmannschaft half in der Produktion

Mit neuer Maschinengeneration

doch nur, um in der Produktion weiterzuarbeiten. Mit Mann und Maus, unabhängig von der Position im Unternehmen, standen wir an den Maschinen und ließen die Produktion weiterfahren, nachdem die Produktionsmitarbeiter sich in den wohlverdienten Feierabend verabschiedet hatten. Es gab Tage, an denen wir so 44 000 Kartons Capri-Sonne produzieren konnten, und die ganze Belegschaft feierte stolz diesen Rekord. Seit einem Jahr hielten wir in Deutschland die Marktführerschaft unter den flexibel verpackten fruchthaltigen Getränken. Diesen Titel zu verteidigen und den Vorsprung auszubauen, motivierte uns alle ungemein. Vor allem, weil unsere Mitarbeiter sahen, daß wir in der Chefetage uns nicht zu fein waren, Arbeitskittel anzuziehen und selbst die Maschinen zu fahren.

Die technische Führungscrew motivierte ich mit Wetten über die durchschnittliche Produktionsleistung einzelner Maschinen. Nominal konnten unsere Maschinen bereits 9 300 Beutel pro Maschine produzieren. Doch es gab nach wie vor genügend Störfaktoren, die im ganzen System für kurzzeitige Unterbrechungen sorgten, so daß der reale Ausstoß niedriger anzusetzen war. Wer mit seiner Schätzung dem tatsächlichen Durchschnitt am nächsten kam, wurde mit einer hübschen Summe zum Jahressieger gekürt. Es ging dabei weniger um die von mir ausgesetzte Belohnung. Spiel und Ehrgeiz, Wettkampf und Spaß verbanden sich aufs Vortrefflichste mit unserem täglichen Engagement.

Parallel zur schnellen Steigerung der Capri-Sonne-Produktion in Deutschland lief die Weiterentwicklung der neuen Maschinengeneration auf vollen Touren. Der Ausbau der Exportaktivitäten außerhalb Europas setzte nicht nur perfekte Maschinen voraus. Wenn wir Capri-Sonne im Ausland verkaufen wollten, so meine Überlegung, benötigten wir dafür eine komplette Systemlösung, wie wir sie mit unseren Transferstraßen zu realisieren begonnen hatten. Aber warum sollten wir nicht noch einen großen Schritt weiter gehen und an ausländische Lizenznehmer gleich eine schlüsselfertige Fabrik für die Produktion von Capri-Sonne verkaufen?

Was zunächst wie ein kühner Traum erschien, ließ sich schon kurze Zeit später, in der zweiten Hälfte der siebziger Jahre, realisieren. Dieses Tempo war atemberaubend, das noch junge Team der Spezialisten unseres Maschinenbauzentrums INDAG hatte alle Hände voll zu tun.

Noch 1976 mußten wir eine Maschine bei uns abbauen, um schnell genug in England Fuß zu fassen. Währenddessen entstanden neue Maschinen, die dabei laufend technisch verbessert wurden.

Teils benötigten wir weitere Maschinen für die eigene Produktion, teils lagen bereits Bestellungen aus dem Ausland vor, denn Horst Bussien und ich reisten durch die Weltgeschichte und akquirierten fleißig.

Wir lieferten 1977 je eine Maschine in den Iran und nach Israel, aber auch die erste Capri-Sonne-Fabrik wurde in diesem Jahr fertiggestellt, verpackt und auf den Weg gebracht. Die Ausstattung umfaßte das komplette System der für die Produktion und für die Verpackung notwendigen Einzelkomponenten, einschließlich aller Transporteinrichtungen und sogar eines voll eingerichteten Sirupraums. Der Auftrag beinhaltete ebenfalls das gesamte Engineering und die Baupläne für die Fabrik. Man hätte quasi nur den Schlüssel in der Tür der Gesamtanlage umzudrehen brauchen, um im fertig aufgebauten Werk mit der Produktion beginnen zu können. Die eigenartige Geschichte, daß diese Lieferung in Saudi-Arabien zwar angekommen ist, dort aber nie ausgepackt wurde, habe ich bereits zum Besten gegeben.

Für uns war es entscheidend, mit der Entwicklung einer Komplettlösung nützliche Erfahrungen für weitere technische Innovationen gesammelt zu haben. Die Märkte in Asien, Afrika und vor allem in den USA hatten wir schon im Visier, die zügige Vermarktung unseres frisch aus der Taufe gehobenen *Turn-key*-Konzepts mit der neuen Maschinengeneration wurde unerläßlich.

Gleichzeitig gab es in den siebziger Jahren vor der eigenen Haustür noch reichlich zu kehren, der Aufbau eines gut funktionierenden eigenen Vertriebssystems und der Kampf um die Marke erforderten unsere volle Konzentration.

Herausforderung Markt – Kampf um die Marke

Die herausragende Qualität eines Produkts, die technische Perfektion und Effizienz bei seiner Herstellung stehen auf der einen Seite der Medaille. Der Markt und seine Gesetze, die Wege zum Kunden, Lizenzverträge und Franchising, zudem die Imitatoren, die unterwegs lauern, sie bilden die andere Seite und bedürfen ebenso der Beachtung.

So waren wir in den siebziger Jahren nicht allein damit beschäftigt, die technischen Probleme in unseren Produktionshallen zu meistern. Capri-Sonne mußte sich als neues Produkt auf dem Markt behaupten, mußte Renommee und Image im öffentlichen Bewußtsein erwerben, Hürde über Hürde auf dem Weg zum inländischen und weltweiten Markenprodukt nehmen. Von diesen Herausforderungen bei der Vermarktung und von dem Kampf um die Marke wird im folgenden die Rede sein.

Als ich 1973 aus Bremen zurückkam, widmete ich mich als Jurist und Diplom-Kaufmann zunächst hauptsächlich Fragen der Rechtsabteilung unseres Unternehmens. Auch im Bereich der Buchhaltung und der Kalkulation herrschte Innovationsbedarf. Gleichzeitig warteten auf dem Gebiet der Vermarktung von Capri-Sonne dringende Aufgaben: Wir verfügten über keinen eigenen Vertrieb, unser Markengetränk »Libella« wurde von unseren Kunden in Lizenz hergestellt und von ihnen vermarktet. Capri-Sonne aber, das wurde nach der Markteinführung sehr bald deutlich, entwickelte sich als ein originäres Produkt und bedurfte einer eigenen Distribution und Kommunikation. Wir mußten die Vermarktung selbst in die Hand nehmen. Doch zu jener Zeit, als die ersten Schritte zum Aufbau eines eigenen Vertriebs eingeleitet wurden, besaßen wir auch noch keine Marketingabteilung. Ein Fachmann aus der Lebensmittelindustrie wurde eingestellt, und wir haben zügig mit der Einrichtung der Marketingabteilung begonnen.

Zunächst stand die Frage des Vertriebs nur in Deutschland an. Ich hatte theoretisch allerdings auch die internationalen Märkte schon in meine Strategie mit einbezogen. Die Überlegungen, die dazu führten, die Vermarktungsstrategie national und international miteinander in Verbindung zu bringen, erschienen einleuchtend: Für ein über die Landesgrenzen hinaus geschätztes Markenprodukt ist der inländische Lebensmittelhandel eher zu gewinnen. Wer global und mit den Großen der Branche im Geschäft ist, dessen Produkt verkauft sich auch im Inland leichter, ob in einem kleinen Geschäft auf dem Lande oder in Supermärkten der Großstädte.

Beim Aufbau eines Markenartikels greift eines in das andere, das aktuelle Engagement und die Strategien für die Zukunft machen vernetztes Denken erforderlich, und es müssen natürlich temporäre Schwerpunkte gesetzt werden.

Die weltweite Vermarktung hing stark mit dem Fortschritt auf dem Sektor der Maschinentechnologie zusammen. Gleiches galt für die Vermarktung in Deutschland, doch spielten hier zusätzliche Probleme eine Rolle, nämlich die bereits angesprochene Frage, wie die Nachfrage nach Capri-Sonne beim Handel und bei den Konsumenten auszuweiten sei. Ein Produkt, das zunächst kaum bekannt ist, hat es besonders schwer, im Handel gelistet zu werden, und es bedarf der intensiven Werbung, um durch Steigerung der Bekanntheit den Verbraucher zum Kauf und Wiederkauf anzuregen.

Im Gegensatz zu der späteren Entwicklung auf dem internationalen Markt, wo unsere Lizenznehmer den

Vertrieb selbst zu organisieren hatten, aber mit intensiver Unterstützung und Marketingerfahrung aus Heidelberg rechnen konnten, mußten wir damals für den deutschen Markt alles neu erarbeiten und in eigener Regie durchführen.

Es kam erschwerend hinzu, daß ein Erfrischungsgetränk im Beutel für die Verbraucher ein absolutes Novum darstellte. Es ist aus heutiger Sicht schwer nachvollziehbar, so selbstverständlich sind inzwischen Einwegverpackungen geworden. Aber damals war Capri-Sonne im Trinkpack etwas völlig Neuartiges und Ungewohntes. Nicht nur für die Konsumenten, auch für den Handel galt die Flaschenabfüllung als Standard.

Mit unserer Idee, ein Getränk für den »Unterwegsmarkt« in der Einwegverpackung anzubieten, sind wir als Pioniere in ein neues Marktsegment gegangen.

Der »Unterwegsmarkt« – ein neues Segment

Aber die Vermarktungskonzeption war für uns ein großes Problem. Kurzfristig, gleich nach Beginn der Produktion, schwebte uns vor, Capri-Sonne über den Vertrieb unserer Kunden auf den Markt zu bringen. Auch die Vermarktung über Handelsvertreter hatte ihre Tücken, diese Konzeption ging nicht auf. Denn Capri-Sonne war in den Anfängen ein reines Sommerprodukt und wurde erst allmählich zum Ganzjahresartikel. In der Zeit zwischen März und September, wenn wir verkaufen wollten, hatten die Handelsvertreter unserer Kunden auch ihre Saisonspitze auf dem Markt und verkauften lieber ihre eigenen Mineralwasser und Limonaden.

Folglich sahen wir als Produzenten gar keine andere Chance, als über kurz oder lang einen eigenen Vertrieb aufzubauen. So ist nicht nur das Herzstück, die Marke, sondern auch der Vertrieb in Heidelberg ansässig.

Die Zeit drängte und verlangte nach Zwischenlösungen. Denn verschiedene ineinandergreifende Probleme mußten kurzfristig gelöst werden.

Herausforderung Markt

Einerseits bekamen wir wenige Jahre nach der Markteinführung 1969 die technisch bedingten Produktionshemmnisse immer besser in den Griff. Das hatte aber zur Folge, daß wir zeitweilig mehr produzierten, als wir mangels eines funktionierenden Vertriebs absetzen konnten. Hat der Vertrieb dann seine Hausaufgaben gut gemacht, und auch die Nachfrage konnte gesteigert werden, weil die ersten Werbemaßnahmen zu greifen begonnen hatten, da haperte es plötzlich doch bei der Produktionskapazität. Wurden dann die Maschinen weiterentwickelt und verbessert, so daß ausreichend produziert werden konnte, kam wieder der Vertrieb nicht schnell genug nach. Ein Bereich hatte immer einen gehörigen Vorsprung. Das erinnerte zwar zeitweilig an den Wettlauf zwischen Hase und Igel, im Endeffekt aber spornte uns die Situation auf allen Feldern an.

Auf der anderen Seite jedoch hatte in jenen Jahren die Branche mit einem Preisverfall zu kämpfen. Unsere Kalkulation basierte auf höheren Abgabepreisen. Für die nötige Kostendegression durch höhere Produktivität reichten die Kapazität von Maschinenpark und die Leistungen des Vertriebs noch nicht aus, d.h. ganz so schnell konnten wir Produktion und Distribution nicht ausweiten. Entsprechend gab es anfangs Jahre, in denen wir uns fragen mußten, ob und wann sich unser Engagement überhaupt rechnen werde. Aber wegen des zeitweiligen Verlustgeschäfts gleich die Segel streichen...?

Ein vorschnelles Aufgeben kam nicht in Frage, dazu waren wir zu sehr von unserem Produkt überzeugt. Manchmal benötigt man auch etwas vom Glück des Tüchtigen.

Einwegverpackung war ja etwas ganz Neues, nicht nur unser Trinkpack, auch andere Versuche und Entwicklungen mit der Einwegverpackung steckten in den Kinderschuhen.

Tetra Pak ist im Bereich der flexiblen Verpackungen eine der wenigen Entwicklungen aus jener Zeit, die sich im Laufe der Jahrzehnte ebenfalls weltweit durchsetzen konnte. Die meisten Neuentwicklungen aber waren über kurz oder lang zum Scheitern verurteilt. Insbesondere galt das für die Idee, Erfrischungsgetränke in PVC-Becher abzufüllen.

Die Aluminiumbarriere in unserer Einwegverpackung erwies sich als qualitativer Vorzug gegenüber anderen Verpackungsvarianten. Im Hinblick auf die Becher aber entwickelten wir einen zusätzlichen Vorteil.

Denn Becher als Verpackungsmaterial für Getränke begannen an Attraktivität einzubüßen. Die schwindende Akzeptanz hatte mit den Haltbarkeitsdaten zu tun. Der Lebensmittelhandel forderte für die Getränke eine Haltbarkeitsgarantie von sieben Monaten. Zusätzliche drei bis vier Monate mußte man für die Wege vom Produktionsort über die Lager bis zum Getränkeregal der Lebensmittelgeschäfte rechnen. Diese Zeitspanne bedeutete für in Becher abgefüllte Getränke ein unlösbares Problem, während wir gerade mit der Haltbarkeitsdauer auftrumpften. Für Capri-Sonne im Trinkpack konnten wir eine stabile Qualität von vierzehn Monaten garantieren. Prinzipiell bleiben die Getränke im Beutel sogar achtzehn Monate lang frisch und appetitlich.

Unsere Packungsart, die Trinktüte mit dem Strohhalm, entwickelte sich zunehmend zu einem Wettbewerbs- und Produktvorteil. Der Beutel als Gebinde wurde *das* typische Markenzeichen, d.h. es wurde zum USP (unique selling proposition) von Capri-Sonne.

Nur, das drängende Problem des Vertriebs war damit noch immer nicht gelöst. Die Lage wurde eher verzwickt. Da wir keine Erfahrung in der Vermarktung von Produkten für den Endverbraucher hatten, mußten wir, mit den bereits erwähnten Einschränkungen, auf

Herausforderung Markt

die Vertriebswege unserer Kunden setzen. Doch je stärker der Bekanntheitsgrad von Capri-Sonne wuchs, um so weniger waren die Getränkehersteller bereit, sich für unser Produkt einzusetzen.

Anfang der siebziger Jahre begannen wir mit Handelsagenturen zusammenzuarbeiten. Dieser Versuch lief rund zwei Jahre lang, doch die Ergebnisse waren alles andere als zufriedenstellend. Freie Handelsvertreter reisen mit einem »Bauchladen« von Lebensmitteln, können sich jedoch kaum auf einzelne Artikel konzentrieren. Es zeigte sich, daß die einzig brauchbare Lösung im Aufbau eines eigenen Außendienstes bestehen würde. Wir brauchten engagierte Verkäufer, die stolz waren, unser Produkt zu vertreten, wir benötigten eine Vertriebsmannschaft, die ausschließlich und mit Begeisterung für Capri-Sonne in Deutschland unterwegs war.

Wir warben junge Leute aus der Lebensmittelbranche an, lernten sie ein und bauten mit ihnen von Heidelberg aus einen eigenen Vertrieb auf. Parallel zu dieser Entwicklung wurde die Zusammenarbeit mit externen Handelsvertretern abgebaut, so daß wir in den achtziger Jahren immer eigenständiger wurden. Ab 1988 schließlich verzichteten wir gänzlich auf auswärtige Handelsvertreter.

Daß wir die Vermarktung selbst in die Hand genommen haben, nachdem andere Vertriebswege nicht die erwartete Effizienz erwiesen hatten, bedeutete für uns damals einen außergewöhnlichen Schritt, eine neue Lernerfahrung. Ein weiteres Beispiel für unsere Philosophie: *Learning by doing* und die von mir gern zitierte *can-do-attitude* als wichtige unternehmerische Komponenten auf dem Weg zum Erfolg. Mit dem Schritt, einen eigenen Vertrieb aufzubauen, verließen wir zu jener Zeit die Stufe der Markenentwicklung und konzentrierten uns nun auf den Markenaufbau, der schließlich zur dritten Stufe führt, die Marke zu steuern.

> Die Vermarktung mußten wir selbst in die Hand nehmen

Einen kurzen Blick sollten wir an dieser Stelle bereits auf praktische Maßnahmen zur Unterstützung der Vermarktung werfen.

Der Weg zum Verbraucher läuft über den Handel, der nicht nur auf den Preis und das Image eines Artikels achtet. Die Art der Anlieferung, die Lager- und Stapelmöglichkeit, die Präsentation eines Artikels sind entscheidend für Listung und Plazierung im Handel.

Weil wir neben Maschinenbauer und Abfüller nun auch Vermarkter waren, mußten wir uns Gedanken über die Präsentation des Produkts im Handel machen.

Display-Karton, 1968

Herausforderung Markt

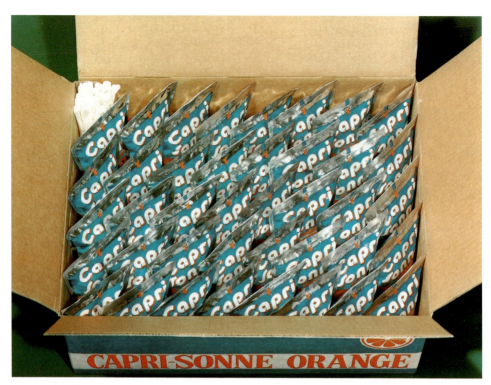

*Weiterentwicklung Karton,
1973*

*Capri-Sonne-Box und
-Aufmachung, 1973*

Unsere Salesblätter warben bereits drei, vier Jahre nach der Markteinführung mit dem Slogan: »Capri-Sonne hat eine der besten Verpackungen der Welt«. Das konnten wir ohne Übertreibung behaupten, sorgten doch zahlreiche Einfälle unserer Mitarbeiter dafür, daß wir als Trendsetter angesehen wurden.

Der Beutel allein stellt schon durch seine Leichtigkeit und geringe Abmessung eine ideal zu transportierende Verpackung dar.

Je 32 Beutel wurden in einen ansprechend bedruckten Karton verpackt, der sich im Handel gut positionieren und praktisch aufklappen ließ und so im Regal sofort zum Selbstbedienen einlud.

Die durchsichtigen, tragbaren Capri-Boxen (»Zehn auf einen Streich«) ab 1973 waren ein Novum auf dem Markt und zählten ebenfalls zu jenen Ideen, die dazu beitrugen, Capri-Sonne optisch von anderen Produkten abzuheben. Der Aspekt der *convenience*, die bequeme Handhabung für den Verbraucher, war durch die Innovation ebenfalls berücksichtigt, die Tragebox wirkte verkaufsfördernd.

Die Zehnerboxen aus PVC warfen jedoch ein Problem auf, denn sie waren nicht gut stapelbar. Also entwickelten wir ein System mit Zwischenstegen aus Karton, so daß ab Mitte der siebziger Jahre 256 Boxen auf einer Palette transportiert und in Großmärkten zum Beispiel gleich aufgestellt werden konnten. Für die 2 560 Beutel benötigte der Handel lediglich eine Stellfläche von einem Quadratmeter.

Unsere Idee der Sonderplazierung war für die damalige Zeit auch eine Neuheit. Normalerweise stand ein Produkt für einige Wochen auf einem besonderen Platz und wanderte dann von der Palette wieder in die Regale. Mit der neuen Art der ständigen Präsentation auf der Palette waren wir die ersten, die die Sonderplazierung von Capri-Sonne zu einer dauerhaften Einrichtung werden ließen. Damit besaßen wir einen »unbefristeten Standortvorteil«, ohne daß die hervorgehobene Präsentation mit zusätzlichen Kosten verbunden gewesen wäre.

Wir entwickelten schon damals und im Laufe der Zeit weitere Arten von Gebinden, auch kleinere Selbstbedienungspaletten, den wendigen Servierwagen oder den praktischen Rollcontainer, mit dem sich 128 Capri-Boxen direkt aus dem Lieferfahrzeug mühelos durch die Gänge zwischen Regalen bugsieren ließen. Ob Mini-Palette oder Euro-Palette, ob Plazierungsideen oder Dekorationen als geeignete Verkaufshilfen, es gab und gibt stets innovative Ideen, die unserem Vertrieb den Weg in den Lebensmittelhandel ebnen.

Die Vermarktung in Deutschland bot die Basis, mit Capri-Sonne von Heidelberg aus in das europäische Ausland zu gehen. Sehr früh lieferten wir in das benachbarte Ausland, zu den ersten Ländern Anfang der siebziger Jahre zählten Belgien und Holland. Wir schlossen zunächst mit ausländischen Unternehmen aus der Lebensmittelbranche Vertriebsverträge ab, zum Beispiel mit »Verkade«. Der holländische Schokoladenhersteller war unser erster Partner. Wir haben erfolgreich zusammengearbeitet, als Zeichen der besonders gut funktionierenden Kooperation wurde die Firmenbezeichnung »Verkade« sogar auf den Capri-Sonne-Beutel aufgedruckt.

Mittlerweile wird der Export für ganz Europa von der Heidelberger Zentrale gemanagt. Auch die Produktion kann dank der hohen Abfüllkapazitäten weitgehend von unserem Stammsitz aus bewältigt werden, wir verfügen hier über die mit Abstand größte Abfüllanlage.

Schon allein ökologische Gründe gebieten es allerdings, daß für weiter entfernt liegende Märkte eigene Produktionsstandorte eingerichtet werden. Aber auch in Europa, wo wir in nahezu jedes Land exportieren, sind im Laufe der Jahre zusätzliche Produktionen ge-

Capri-Sonne wird heute erfolgreich in fast 80 Ländern vermarktet

baut worden, so in England oder neuerdings in Tschechien und in der Ukraine.

Als wir 1976 schließlich erstmals in Deutschland die Marktführerschaft erobern konnten, kannten unsere europäischen Nachbarn bereits den Geschmack von Capri-Sonne. Da wir jeweils landestypische Geschmacksvarianten entwickelt und lokale Anforderungen berücksichtigt haben sowie die Vermarktung in Europa zügig ausbauten, war nach zwei Jahrzehnten harter Arbeit 1992 auch die Marktführerschaft in Europa erreicht.

Zu den Herausforderungen auf dem Gebiet der Maschinentechnologie und der Vermarktung gesellte sich in der Anfangsphase noch ein weiteres, äußerst unangenehmes Problem, das nicht in unseren Werkshallen

Herausforderung Markt

und auch nicht draußen auf den Märkten zu lösen war, dafür aber unsere Rechtsabteilung gehörig auf Trab hielt.

Der Erfolg gebiert schnell auch Neider und Kopierer.

Ich sehe das Problem, das in jungen Jahren allerdings gefährliche Ausmaße anzunehmen schien, längst mit großer Gelassenheit. Es gehört zur Story einer erfolgreichen Marke, daß wir sogar von bedeutenden Unternehmen kopiert wurden und werden. Eine Kopie stellt zunächst nichts Negatives dar, ist für mich das größte Kompliment, denn sie unterstreicht, daß wir offensichtlich etwas geschaffen haben, das andere gut finden und es deshalb imitieren wollen.

Selbstredend gilt es hier genau zu differenzieren, wie fair oder unfair Kopierer ans Werk gehen. Die Grenze bildet das Wettbewerbsrecht. Im Falle unfairen Wett-

Capri-Sonne ist Marktführer bei flexiblen Kleinpackungen in USA, Deutschland, den arabischen Ländern und Irland

Der Capri-Sonne-Beutel: kontinuierlich weiterentwickelt – und oft kopiert

bewerbs kämpfen wir natürlich um die Unverwechselbarkeit unserer Marke.

In den ersten Jahren nach der Markteinführung von Capri-Sonne haben etliche Unternehmen probiert, unseren Beutel nachzumachen, sind aber an technischen Problemen gescheitert. Einer unserer Wettbewerber hat allerdings großes Geschick bewiesen und ein Getränk unter dem Namen »Bella Bimba«, in der gleichen Verpackung und Aufmachung wie Capri-Sonne, auf den Markt zu bringen versucht. In solchen Fällen ist die Grenze des Zumutbaren weit überschritten, wir haben das Konkurrenzprodukt gerichtlich verbieten lassen.

Auch als unsere durchsichtige Tragebox oder der Schriftzug von Capri-Sonne kopiert wurde beziehungsweise mit der Zeit Beutel in gleicher farblicher Gestaltung auf den Markt kamen, sind wir immer eingeschritten.

Nicht zuletzt haben wir um den Markennamen selbst gekämpft. Von der Konkurrenz wurde argumentiert, die Bezeichnung »Capri-Sonne« sei irreführend, weil sie einen falschen Herkunftsort des Produkts signalisiere. Nach langwierigen Auseinandersetzungen gab uns schließlich der Bundesgerichtshof Recht[1].

Die Aktivitäten der Konkurrenz waren für uns der Beweis, daß der Name unseres neuen Produkts ausge-

1 Urteil des Bundesgerichtshofs vom 30. Juni 1983, Az.: I ZR 96/81; GRUR 1983, 768ff.

Herausforderung Markt

sprochen gut gewählt war. Und daß eine eingängige Markenbezeichnung sowie die innovative Verpackung zum Nachahmen reizen, kann ich keinem Konkurrenten verübeln.

Marketingkonzepte für den guten Geschmack

Im sechsten Jahr nach der Markteinführung wurde Capri-Sonne in Deutschland Marktführer bei Getränken in flexiblen Kleinpackungen. Geschmack, Aroma und Duft entscheiden neben dem Preis darüber, ob ein alkoholfreies Getränk Erfolg auf dem Markt hat, ob es bevorzugt getrunken, wiederholt gekauft und schließlich ein beliebter Markenartikel wird.

Doch bevor der Kunde sich für den Kauf entscheidet und sich von dem Geschmack des Produkts überzeugen kann, müssen erst andere seiner Sinne angesprochen werden. Auch der erlesenste Geschmack kann zunächst nur über Bild und Wort auf sich aufmerksam machen.

Bei der Werbung für Capri-Sonne mußten wir verschiedene Gesichtspunkte bevorzugt beachten, sowohl bei der Markteinführung 1969 als auch bei der folgenden zügigen Ausweitung der Geschäftstätigkeit.

Wir verfolgten von Anfang an das Ziel, auch den internationalen Markt zu erobern. Welches Image und welche Werbestrategie war geeignet und so flexibel, daß das Erscheinungsbild auch in anderen Ländern erfolgversprechend einzusetzen sein würde?

Wir waren überzeugt, daß Qualität und Geschmack der Capri-Sonne-Getränkesorten die entscheidenden Kriterien waren und bleiben würden. Doch welche Werbung paßte zu den Eigenschaften unserer Produkte, mit welcher Marketingstrategie konnte eine in Deutschland zunächst vollkommen unbekannte Getränkemarke die Handelskanäle für sich gewinnen? Und in jedem neuen Land, bei jedem ausländischen Lizenznehmer würde sich diese Frage wieder neu stellen.

Nicht zuletzt galt es zu bedenken, daß als Konsumenten Kinder und Jugendliche angesprochen werden sollten, die Kaufentscheidung in der Regel aber ihre Eltern, bevorzugt die Mütter, fällen würden.

Mit der Bezeichnung Capri-Sonne hatten wir von Anfang an einen passenden, einen treffenden Namen für unser Produkt. Das Flair südlicher, sonniger Länder, Urlaub, Sport und Abenteuer, aber auch die natürliche Reife der Früchte in den Getränkesorten werden durch den Namen unseres Markenartikels bereits signalisiert. Eine bessere Bezeichnung als das seit 1952 geschützte Warenzeichen Capri-Sonne hätten wir also für das Getränkesortiment wohl kaum finden können.

Nicht immer werden erfolgreiche Markennamen in großen Werbeabteilungen in tagelangem Brainstorming kreiert. Wie in unserem Falle bringt oft die eigene Firmengeschichte, die Besinnung auf die eigene schöpferische Kraft jene innovative Ideen, die am weitesten tragen.

Mittlerweile ist das Warenzeichen in 140 Ländern eingetragen, das Getränk unter dem Namen Capri-Sonne ist eine der fünf weltweit bekannten Getränkemarken. Lediglich im angelsächsischen Raum wird unser Markenprodukt unter der Bezeichnung »Capri-Sun« angeboten. Material, Größe, Form und Design des Beutels sind jedoch überall gleich und unterscheiden Capri-Sonne von allen anderen Getränkeprodukten. Der Beutel wird somit neben seinen praktischen Eigenschaften durch sein Erscheinungsbild zum Markenartikel, das die Qualität des Getränks optisch transportiert und Capri-Sonne auf der ganzen Welt unverwechselbar macht.

Als die Idee geboren wurde, Capri-Sonne in einer neuartigen Verpackung anzubieten, war es uns klar, daß der leichte Standbeutel verkaufsfördernd wirken würde.

Mein Vater sagte begeistert: »Mit dieser Verpackung haben wir gleichzeitig einen werbewirksamen ›Aufhänger‹.« Gemeint waren nicht nur die technischen Vorzüge der Verpackung, auch Form und Design der Beutel versprachen wirkungsvoll eingesetzt werden zu können.

»Das Fruchtsaftgetränk, das so gut ist wie seine Verpackung.« Mit diesem Slogan wurde in den ersten Jahren nach der Markteinführung in Deutschland für eine

Capri-Sonne erhielt 1983 in den USA die Auszeichnung »Verpackung des Jahres«

Marketingkonzepte

der besten Verpackungen in der Welt der Getränke geworden. Die Verkaufserfolge, bald auch international, bestätigten die Stichhaltigkeit dieses Aspekts unserer Werbestrategie.

Die offizielle Würdigung des Capri-Sonne-Trinkpacks, die Auszeichnung mit einer Goldmedaille, erfolgte einige Jahre später, als wir bereits auf dem amerikanischen Markt Fuß gefaßt hatten.

Der Marketingpreis »Packaging of the Year« wird von der Flexible Packaging Association (F.P.A.) in den USA vergeben. An diesem Wettbewerb um die »Verpackung des Jahres« beteiligen sich jedes Jahr zahlreiche Markenartikler, die mit ihren Erzeugnissen (Food

Dr. Hans-Peter Wild nimmt die Auszeichnung für Capri-Sonne als beste Verpackung des Jahres 1983 in den USA in Empfang (2. v. li. Horst Bussien, 2. v. re. Dr. Rainer Wild und li. daneben Friedrich Stumpf)

und Nonfood) jedoch mindestens seit einem Jahr auf dem US-Markt vertreten sein müssen.

Mit der Goldmedaille für Capri-Sonne würdigte die F.P.A. 1983 insbesondere die hervorragende Marketingleistung, das ausgezeichnete Packungsgesamtbild (Struktur) und die frische, verkaufsfördernde Druckqualität des Trinkpacks.

In einer technischen Jury-Beschreibung wurden zudem der sehr gute Lichtschutz, die Geschmacksneutralität, die Siegeleigenschaften und die temperaturisolierende Wirkung der Aluminiumverbundfolie als Qualitäten der Verpackung hervorgehoben.

Die Auszeichnung »Verpackung des Jahres«, gerade mal vier Jahre nach Einführung der Capri-Sun auf dem Getränkemarkt der USA, hat den internationalen Markterfolg von Capri-Sonne nachhaltig bestätigt.

Neben dem Beutel, der sozusagen ein Werbeträger per se geworden war, entwickelten wir laufend neue Werbeideen. Auch in diesem Bereich suchten wir zunächst ohne fremde Hilfe die Kommunikation mit dem Konsumenten. So entstanden die ersten Fernsehspots zum Beispiel in eigener Regie. Sie sind mit heutigen Videoclips natürlich nicht vergleichbar, stand uns doch Anfang der siebziger Jahre nicht einmal die entsprechende Technik zur Verfügung.

Pioniergeist, Filmkamera, Idee – und schon drehten wir unseren ersten, aus heutiger Sicht amateurhaften, Werbefilm, in dem ein Schwimmer seine Bahnen zieht und dann nach einer Tüte Capri-Sonne greift. Noch wenige Jahre später, als wir schon Werbespots in Hongkong drehen ließen, mußten wir in Heidelberg eigens einen Kinosaal anmieten, um das Ergebnis anschauen zu können.

Es würde weit führen, auch nur annähernd all die Ideen und Werbemaßnahmen aufzuführen, die wir im Laufe der Jahre, dann schon in Zusammenarbeit mit Werbeagenturen, erarbeitet und umgesetzt haben.

Sonderplazierung auf der Palette

Entwickelt wurden und werden zudem nicht nur Werbeideen, um die Konsumenten über Print- und elektronische Medien hierzulande anzusprechen. Auch die ausländischen Lizenznehmer unterstützen wir mit

Die Capri-Sonne-Verpackung wurde ständig weiterentwickelt

speziellen Marketingmaßnahmen. Außerdem gehören Marktstudien, Plazierungsvorschläge und Events für den Handel im In- und Ausland zu unserem Marketingkonzept.

Unsere Idee mit der Sonderplazierung auf der Palette hat Capri-Sonne als erste Getränkemarke eine hervorgehobene Präsentationsmöglichkeit verschafft. Die begleitenden Plazierungsvorschläge variieren seither je nach Jahreszeit und Zeitgeist.

So wurde vor vielen Jahren die »tolle Tüte« im Winter zusammen mit einem Swingrodel präsentiert: Das Gewinnspiel, bei dem man einen wendigen kleinen Rodel gewinnen kann, fördert den »Winterspaß mit Capri-Sonne«. Doch flugs war der Schlitten Schnee von gestern, und schnittige Snowboards warben für den Durstlöscher beim hitzigen Wintersport.

In der warmen Jahreszeit bieten sich naturgemäß mehr Plazierungsideen und Events an, kombiniert mit dem guten alten Fahrrad früher und dem Mountain Bike inzwischen, mit Strandkörben, Schlauchboten, der Verlosung von ganzen Strandpaketen usw.

Neben Plazierungsideen und Events lag uns stets viel daran, den Handel mit praktischen und dadurch entsprechend werbewirksamen Konzepten und Verkaufsförderungsmaßnahmen zu unterstützen. Eine Sensation auf dem Markt waren beispielsweise die von uns Anfang der siebziger Jahre entwickelten durchsichtigen Trageboxen. Diese Capri-Sonne-Boxen und die nachfolgenden Einfälle zur Verpackung und Transport haben bei der Vermarktung des originären Produkts eine bedeutende Rolle gespielt.

Die internationalen Marketingaktivitäten, die Werbeunterstützung, die wir unseren Lizenznehmern anbieten, sind einerseits darauf angelegt, die hochwertige Qualität unseres Getränks in jedem Land als zentrale Botschaft hervorzuheben. Das unverwechselbare Design trägt wirkungsvoll dazu bei, diese Produkteigenschaft zu transportieren. Die Werbung, unterstützt durch spezielle Kampagnen der Partner, soll aber auch den landestypischen Charakter unserer Marke betonen und mit der Kultur des Landes harmonieren. Die von uns herausgegebene englischsprachige Zeitschrift »Capri-Sonne News« unterstützt die Kommunikation und den Informationsaustausch unter den Partnern in aller Welt. Internationale Seminare und Fortbildungsmaßnahmen, die wir in Heidelberg durchführen, unterstützen seit jeher unsere Partner. Sie wiederum haben das Know-how der Märkte, kennen Handelsstrukturen und Konsumentenwünsche »vor Ort« viel besser und ergänzen damit unsere Vermarktungsstrategien ideal.

Welche Promotion, welches grundsätzliche Image sollte den Eigenschaften unseres Produkts auf den Märkten als Botschaft vorauseilen?

Die Kombination von Abenteuer, Sport und hervorragendem Geschmack schien uns am eindeutigsten die Voraussetzung zu erfüllen, um Kinder und Jugendliche in aller Welt anzusprechen.

Ideal ist dabei auch, daß Spiel und Sport natürliche Dursterzeuger sind. Aber auch andere Aspekte des Abenteuers und des Sports spielen bei der Kommunikation mit Kindern und ihren Erziehern eine Rolle.

Abenteuerlust, Entdeckerdrang und geistige Regsamkeit zu fördern stellt in dem immer stärker vom Fernsehalltag bestimmten Lebensrhythmus vieler Kinder sicherlich ein positives Signal dar. Auch die Anregung zur sportlichen Betätigung in unserer Werbung kombiniert das Produkt mit in jedem Land pädago-

Schachweltmeisterschaft in Dubai, 1986

Werbung auf der Insel Réunion mit dem französischen Fußballstar Jean Tigana

Marketingkonzepte

1981 startete das Radrennteam in blauen Capri-Sonne-Trikots

gisch gut vertretbaren Werten. Zu Gesundheit, Fitness, Zielstrebigkeit im sportlichen Spiel paßt ein Erfrischungsgetränk, dessen wichtigstes Merkmal überall die Verwendung von ausschließlich natürlichen Rohstoffen ist.

Wassersport, Basketball, Fußball und andere Sportarten, Freizeit, Abenteuer und Erlebniswelten spielen je nach vorherrschender Mentalität in den jeweiligen Ländern eine spezifische Rolle in unserer Werbung. Auch ein Schachweltmeister oder erfolgreiches Radrennteam machten schon Werbung für Capri-Sonne.

Bei der Schachweltmeisterschaft 1986 in Dubai waren wir offizielle Getränkelieferanten, der Amerikaner Seirawan besiegte den Russen Kasparov souverän – und posierte für die Kameras mit Capri-Sonne.

Zuvor schon traten wir als Sponsoren auf. So fuhr ab 1981 eine der international stärksten Radsportmannschaften im blauen Trikot von Capri-Sonne. Der Jan Ullrich der frühen achtziger Jahre hieß Gregor Braun, der Olympiasieger und Weltmeister aus der Pfalz führte damals das erfolgreiche Team an. Unter dem Teamchef Walter Godefroot, mit Rennmaschinen aus der »Rennradschmiede« von Eddy Merckx, haben wir große Rennen gewonnen und vielbeachtete Erfolge u.a. bei der Tour de France und beim Weltcup feiern können. Auf diese Weise warb bei Radrennen im europäischen Ausland das Capri-Sonne-Team gleichzeitig für unsere dortigen Lizenznehmer, indem wir ihnen als Sponsoren die Radprofis zu Werbemaßnahmen zur Verfügung stellten.

Den absoluten Marketing-Coup landeten wir aber zweifelsohne 1979, nachdem der bekannteste Boxchampion aller Zeiten seine Unterschrift unter einen Werbevertrag mit Capri-Sonne gesetzt hatte.

Mit dem Charisma des Champions

Der Weltklasse-Boxer Muhammad Ali inspiziert im Heidelberger Werk interessiert die Abfüllanlage von Capri-Sonne. Wer wollte das glauben? Der Boxweltmeister wirbt auf allen Kontinenten für ein Fruchtsaftgetränk aus Deutschland. Auch eine schier unglaubliche Geschichte. In einer Extraklausel im Werbevertrag mußten wir uns als Produzent verpflichten, den Weltmeister jahrelang Monat für Monat mit einem großen Karton voll Capri-Sonne zu versorgen – ein Aprilscherz?

Rudolf Wild begrüßt Ali

Nein, alles wahr.

Über meinen Coup 1979 schrieb das »Handelsblatt«, wir hätten »der gesamten internationalen Werbeelite den wohl zur Zeit zugkräftigsten Werbeträger vor der Nase weggeschnappt«.

Doch wie kam es, daß Muhammad Ali, fünf Jahre nachdem er den amtierenden Weltmeister George Foreman in jenem legendären Kampf im afrikanischen Kinshasa k.o. geschlagen hatte, daß dieses Boxidol auf

Auch die Capri-Sonne-Produktion hat Ali besucht

dem Höhepunkt seiner Karriere öffentlich verkündete: »Ich gebe meinen Namen nicht für ein Produkt her, das nicht gut ist. Capri-Sonne ist das Größte nach mir.«

Bemerkenswert dabei ist, daß der Star Muhammad Ali sich zuvor stets geweigert hatte, Werbung zu machen, und mit uns das erste Mal einen Werbevertrag unterschrieb.

An einigen Stellen dieses Buches komme ich auf die *can-do-attitude* zu sprechen – eine Haltung, die besagt, daß für die Entwicklung einer guten Geschäftsidee anfängliche Hindernisse keine Rolle spielen dürfen. Ist der Einfall überzeugend und plausibel durchdacht, kann die Überzeugung, gepaart mit Begeisterung, Berge versetzen.

Ich war in den siebziger Jahren mit dem Marketing für Capri-Sonne trotz der innovativen und zündenden

Werbemaßnahmen noch lange nicht zufrieden. Die Werbung im Fernsehen und in den Printmedien, vornehmlich in Zeitschriften für Kinder und Jugendliche, gestaltete sich seit der Markteinführung in Deutschland 1969 zugkräftig und ansprechend. Es fehlte mir jedoch am wirklich großen Wurf, an einem Marketingereignis auf hohem Niveau, mit dem wir auch international auf uns aufmerksam machen konnten, um das Geschäft global auszubauen. In den Jahren 1978 und 1979 begannen wir uns auf den Märkten in den USA und in Asien zu engagieren, und es war mir wichtig, in diesen Wirtschaftsregionen schnell einen hohen Bekanntheitsgrad zu erreichen. Denn ich war überzeugt, daß diese beiden Märkte neben Europa die Schlüsselposition für eine Globalisierung von Capri-Sonne bringen werden.

Bei der Planung der Werbemaßnahmen suchten wir nach Namen von Prominenten, die in der ganzen Welt bekannt waren. Scherzhaft führte ich aus, daß der Papst zwar meine erste Wahl wäre, doch wohl nicht in Frage komme. Es blieb zu überlegen, wer den gleichen Bekanntheitsgrad wie der Papst habe. Und ich hatte auch schon selbst die Antwort parat: Den charismatischen Boxweltmeister Muhammad Ali müssen wir als Werbepartner gewinnen.

Ich rief bei dem Sportkorrespondenten Ben Wett an, ich kannte seine Fernsehreportagen über den Boxchampion. Dem Journalisten war Capri-Sonne sehr wohl ein Begriff, und so erklärte er sich ohne Zögern bereit, den Kontakt zu Muhammad Ali herzustellen. Er führte dem Sportler in den USA unser Produkt vor, der probierte unser Getränk, und wir waren nicht wenig überrascht, daß der große Muhammad Ali ohne Umschweife positiv reagierte.

Umgehend bin ich in die Staaten geflogen. Zuvor hatten wir eilig einen Vertrag entworfen. Er umfaßte gerade mal eine Schreibmaschinenseite. Man kann mein Vorgehen kühn oder unerfahren nennen; Tatsache ist, daß Muhammad Ali mit dem Inhalt des unkomplizierten Vertrags einverstanden war. Wir vereinbarten sogleich Termine für die Dreharbeiten zu den TV-Spots, und es schien alles auf dem besten Wege zu sein.

Ganz so einfach sollte die Angelegenheit dann aber nicht über die Bühne gehen. Plötzlich erhielten wir einen freundlichen Brief von einer großen amerikanischen Agentur, die gerade zu jenem Zeitpunkt mit dem Weltmeister über eine Vermarktung seiner Person verhandelt hatte. Höflich, aber bestimmt wies die Agentur uns darauf hin, daß sie inzwischen die Vermarktungsrechte besitze und wir nur noch mit ihr zu verhandeln hätten.

Kein Problem, sagte ich mir und flog erneut nach New York.

Beim ersten Meeting im Büro der Agentur am Central Park traf ich auf eine größere Gruppe geschäftiger Leute, die meisten von ihnen Anwälte. Ich hingegen saß als Partei im Raum mutterseelenallein und dachte angesichts der neuen Lage, daß es nun doch ratsam wäre, selbst auch einen Experten zur Seite zu haben. Zumal unser netter kleiner Vertrag von einer Seite nur noch Makulatur war. Auf dem Tisch stapelten sich statt dessen Stöße von Papier, die es zu begutachten und zu unterschreiben galt.

Ich kannte mich vor Ort nicht gut genug aus, aber durch Vermittlung unserer deutschen Werbeagentur bekam ich Kontakt zu einem Anwalt namens Max Block. Bei unserer ersten Begegnung in einem Restaurant schien Max Block wenig Interesse an unserem Fall zu haben, er zeichnete auf das Papiertischtuch irgendwelche Skizzen vor sich hin. Aber sein Desinteresse täuschte. Er war hellwach. Und ein ganz hervorragender Anwalt, wie es sich zeigen sollte. Max Block war ein Aussteiger, der einen hochdotierten Job in einer

Muhammad Ali: »Capri-Sonne is the Greatest, after me – for all times«

großen Firma an den Nagel gehängt hatte. Als »Einzelkämpfer« widmete er sich fortan nur noch Fällen, die ihn tatsächlich interessierten, und arbeitete für Mandanten, die er auch gern vertrat.

Ich war der erste Deutsche, für den der jüdische Anwalt deutscher Abstammung eine Vertretung übernommen hatte. Wahrscheinlich spielte dieser Umstand eine Rolle bei seiner anfänglichen Zurückhal-

Mit dem Charisma des Champions

tung. Er hatte das Thema von sich aus nicht angeschnitten, und ich hielt mich mit Fragen zurück. Nachdem wir uns aber näher kennengelernt hatten, entwickelte sich zwischen uns eine freundschaftliche persönliche Beziehung, so daß er später auf meine Einladung hin zum ersten Mal wieder Deutschland und dabei auch Heidelberg besuchte.

In der zweiten Verhandlungsrunde um die Marketingrechte – sechzehn Leute auf der einen Seite, zehn von ihnen Anwälte, mein Anwalt Max Block und ich auf der anderen – konnten wir den Abschluß des Exklusiv-Werbevertrages mit Boxweltmeister Muhammad Ali unter Dach und Fach bringen. Das Vertragswerk besaß nun allerdings einen rekordverdächtigen Umfang von über achtzig Seiten. Inklusive des Passus über die kostenlose Lieferung von Capri-Sonne an Muhammad Ali. Damit stand uns »der Größte« in den nächsten vier Jahren für eine weltweite Werbekampagne zur Verfügung.

Endlich konnten wir mit der eigentlichen Arbeit beginnen.

Ich reiste also kurze Zeit später abermals in die Staaten, diesmal in Begleitung eines Fachmanns unserer deutschen Werbeagentur und eines zweiköpfigen Aufnahmeteams. Ausgefallene Ideen hatten wir reichlich, ein festes Drehbuch jedoch nicht. Und wie würde »der Größte« auf unsere Vorschläge reagieren? Im Flugzeug überlegten wir uns noch, daß in der Werbung auch Kinder zusammen mit dem Boxweltmeister zu sehen sein sollten, schließlich waren sie unsere Zielgruppe.

Es kam wieder alles anders, als wir es uns vorgestellt hatten. In einer Sporthalle in Nashville/Tennessee waren wir mit Muhammad Ali verabredet. Goldmedaillengewinner bei den Olympischen Spielen in Rom 1960, Weltmeister im Schwergewicht 1964, zehn Jahre später errang er erneut den Weltmeistertitel. Wer den Fighter aber nur im Ring erlebt hatte, kannte lediglich einen hervorragenden Boxer und Showstar der Topklasse. Die Aberkennung seines Titels 1967 erfolgte, weil er in den USA wegen Kriegsdienstverweigerung verurteilt worden war. Er engagierte sich laufend sozial und politisch. Beeindruckend war auch, wie liebevoll der Champion mit Kindern umzugehen pflegte.

Wir warben nach unserer Ankunft, sozusagen von der Straße weg, ein Mädchen und einen Jungen für die TV-Spots an. Das erforderte umständliche vertragliche Regelungen, die wir mit den Eltern eilig aushandeln mußten. Während wir die Prozedur vor Ort in der Sporthalle noch abwickelten, kam der Mann mit den großen, roten Boxhandschuhen und wartete geduldig auf seinen Auftritt.

Auch bei den Filmaufnahmen fügte sich der Weltmeister ohne Allüren den Regieanweisungen, nahm mal das eine, mal das andere Kind auf den Arm und stellte sich in die gewünschte Positur.

Schließlich fragte er, was er noch tun könnte. Wir schlugen ihm vor, daß er ein paar Sätze zu Capri-Sonne sagt. Ohne abzuwarten, welche Vorgaben wir ihm machen würden, legte Muhammed Ali los. Kamera lief, Ton lief, und der Champ redete ohne Unterbrechung zwei Minuten lang. Charmant, charismatisch, unnachahmlich.

Als wir diesen beeindruckenden Auftritt im Kasten hatten, wußten wir, daß wir alle vorangegangenen Aufnahmen getrost vergessen durften. Tatsächlich diente für alle späteren Werbemaßnahmen, in denen Muhammed Ali zu sehen war und zu Wort kam, der zweiminütige Monolog des Stars als Grundlage. Auch für den Capri-Sonne-Filmspot von 30 Sekunden mußten nur entsprechende Stellen zusammengeschnitten werden.

Muhammad Ali hatte schon bei der ersten Kostprobe Geschmack an unserem Fruchtsaftgetränk gefunden, die vereinbarte regelmäßige Lieferung diente tat-

Pressekonferenz mit Ali und Ben Wett in Heidelberg

sächlich seinem persönlichen Bedarf. Zweimal hat der Champion uns später in Heidelberg besucht, einmal sogar vor Ort geboxt.

Der Marketingeffekt für Capri-Sonne war enorm, allein schon durch die Berichte über unseren Coup in der deutschen und in der internationalen Presse. Und wir konnten besten Gewissens in Zeitschriften, auf Plakaten und in TV-Spots mit dem Originalton des Boxweltmeisters werben:

»Hört mal zu: Der Größte erzählt Euch keine Märchen. Capri-Sonne schmeckt wirklich toll.«

»Ich bin der Größte. Die ganz Welt weiß das. Aber wenn ich mit dem Boxen aufhöre, ist Capri-Sonne das Größte.«

»Mein Name bedeutet Sieg. Und ich sage Euch eins: Capri-Sonne ist gut.«

»Bleibt stehen, wenn Ihr Capri-Sonne in Eurer Stadt, in Euren Läden seht. Es ist das Größte, wie ich ... für alle Zeiten.«

Die TV-Spots mit Muhammad Ali hatten den einmaligen Vorteil, daß sie überall in der Welt, für alle Bevölkerungsschichten einsetzbar waren. In Deutschland wurden zu jenem Zeitpunkt jeden Monat prozentual zweistellige Absatzzunahmen erreicht.

Und um nur ein Beispiel vom internationalen Markt zu nennen: Unser frischgebackener Lizenznehmer in Südkorea hatte bereits seine ganze Jahresproduktion für 1979 vorverkauft, ehe die Abfüllmaschinen dort überhaupt aufgestellt wurden. Dabei durften wir in Korea den Werbespot gar nicht im Original zeigen, weil nach den damaligen Gesetzen nur solche Werbebeiträge gesendet werden durften, die im Land hergestellt worden waren. Also ließen wir in Korea einen Spot drehen. Aber im Hintergrund hingen überall die Plakate mit dem Boxweltmeister.

Die weltweite Popularität und der einmalige Bekanntheitsgrad unseres neuen Werbeträgers brachte in allen 25 Ländern, in denen Capri-Sonne damals schon auf dem Markt war, viel Imagegewinn und das Geschäft auf Hochtouren. Außerdem erweiterte sich die Zahl neuer Lizenznehmer im Ausland stetig. Nicht ohne Stolz konnte ich im Jahr der Vertragsunterzeichnung mit Muhammad Ali auch verkünden, daß wir einen leistungsfähigen Lizenznehmer für den gesamten US-Markt als Partner gewonnen hatten.

Das Markengetränk Capri-Sonne ist mittlerweile nach Coca-Cola, Pepsi und Schweppes weltweit am meisten verbreitet und eine der fünf global am besten bekannten alkoholfreien Getränkemarken.

Marketing kann Qualität letztlich nicht kreieren, sie kann sie nur anpreisen, auf Dauer muß das Produkt für sich sprechen. Und wenn für manche Werbung Geschmackssache ist, so ist sie das für uns in der besten Bedeutung des Wortes. In diesem Sinne will Capri-Sonne in allen Ländern ein Botschafter des guten Geschmacks sein.

Mit einer interaktiven Homepage (www.Capri-Sonne.de) präsentieren wir uns in deutscher und englischer Sprache im Internet. Für jede Altersgruppe zwischen vier und siebzehn Jahren hält das Programm Angebote bereit. Links führen zu Action, Fun & Facts für Jugendliche. Mal werden junge Ballkünstler, wird das europäische Nachwuchstalent des Jahres gesucht, mal werden andere Sportinteressen bedient. Oder man kann E-Cards verschicken, auf Seiten gegen den Wissens-Durst surfen, hier einen virtuellen Flohmarkt, dort einen Musikclub finden.

Oder der Besucher unserer Homepage geht ins Funworld-Kino und schaut sich einen Spot mit dem legendären Muhammad Ali an.

Going global

Die Zeitspanne von der ersten Idee zur Produktion des Fertiggetränks Capri-Sonne bis zur Behauptung auf dem Markt in Deutschland und der beginnenden Ausweitung der Geschäftstätigkeit auf das europäische Ausland hat keine zehn Jahre umfaßt. Aber in diesem Zeitraum, beginnend im Jahr 1976, haben wir bereits angefangen, unsere Aktivitäten auf Länder außerhalb Europas auszuweiten. Schnelligkeit als Stärke zählte in unserem Familienunternehmen schon immer zu den Erfolgsfaktoren. Bis heute ist eine Komponente unseres Erfolges, auch gegenüber Konzernen, daß wir schnell und flexibel reagieren.

Die Phase der Innovationen – bei der Entwicklung neuer Geschmacksvarianten für Capri-Sonne, auf dem Sektor des Maschinenbaus, beim Ausbau der Vertriebswege und der Konzeption neuer Marketingideen – war Mitte der siebziger Jahre noch bei weitem nicht abgeschlossen – und ist es natürlich bis heute nicht: Denn zu lernen und sich weiterzuentwickeln bedeutet, einen Prozeß voranzutreiben, der aus unternehmerischer, aber auch aus persönlicher Sicht niemals als beendet betrachtet werden darf.

Sechs Jahre nach der nationalen Markteinführung waren wir jedoch in den obengenannten Bereichen so weit, daß wir uns auf das internationale Parkett wagen konnten bzw. diesen Sprung riskieren wollten: Mein Ziel war von Anfang an, mit Capri-Sonne eine globale Marke zu schaffen. Natürlich bedeutete die Neuorientierung ein Wagnis, schließlich hatten wir mit außereuropäischen Märkten keinerlei Erfahrungen. Und man darf auch nicht annehmen, wir hätten uns lang und breit auf das internationale Geschäft vorbereitet, überhaupt vorbereiten können. Vor 25 Jahren waren wir ein kleines Unternehmen, mit pfiffigen, engagierten Mitarbeitern, das sich aber nicht viel Zeit für strategische Planung, für das Abwägen von Chancen und Risiken nehmen oder gar umfassende Wirtschaftsstudien anfertigen lassen konnte, um zu klären, wie und ob man international tätig werden wolle.

Die Zeit schien reif zu sein, global aktiv zu werden, und wir mußten uns *on the road* in bezug auf die neuen Ziele kundig und fit für die Globalisierung machen. *Can do* – wir können es schaffen, der Weg gehört zum Ziel, diese Einstellung, diese Faszination galt nicht nur für die Anfänge der Capri-Sonne-Story, sie stand auch am Beginn der internationalen Geschäftstätigkeit, die von mir geplant und in den ersten Jahren im wesentlichen von einem sehr kleinen Team unter meiner Leitung betrieben wurde.

In diesem und den folgenden Abschnitten wird deutlich, welche Herausforderungen auf dem Weg zur globalen Marke zu nehmen waren, welche eigenartigen Begegnungen die Reisen rund um den Globus mit sich gebracht hatten. Bevor ich aber in den Westen, Osten, Süden gehe, um informative Details aufzuzählen und gelegentlich vergnügliche Anekdoten dieses Teils unserer Geschichte zu erzählen, widme ich mich allgemeinen Gesichtspunkten der Entwicklung eines Unternehmens zum Global Player.

Über die Notwendigkeit und die Möglichkeiten der Globalisierung von Unternehmen gehen um die Jahrtausendwende die Meinungen stark auseinander. Von »Giganten ohne Heimat« und von »Cola-Kolonisierung« redeten in jüngster Vergangenheit nicht nur die Demonstranten bei den Konferenzen des IWF, wie zuletzt im Herbst 2000 in Prag. Von gleichlautenden Befürchtungen ist auch auf den Wirtschaftsseiten renommierter Zeitungen zu lesen. Und selbst Douglas Daft, Konzernchef von Coca-Cola, verordnete mittlerweile seinem Weltkonzern ein radikales Umdenken: Weg vom zentralistischen Denken in der Firmenzentrale in Atlanta, hin zur Verantwortung der regionalen Produzenten in den einzelnen Ländern.

Während Strategien globaler Konzerne einerseits hinterfragt werden, ist in Wirtschaftsstudien aber auch von den großen Chancen die Rede, daß mit Hilfe der Globalisierung die Marktwirtschaft grundlegend erneuert werden könne und für mehr Wohlstand in der Dritten Welt sorgen würde. Von daher wird nicht das »Ob«, sondern das »Wie« der Globalisierung der Wirtschaft die entscheidende Frage für die Zukunft sein.

Ende des Jahres 2000 hat der Vorstandsvorsitzende des Daimler-Chrysler Konzerns Jürgen E. Schrempp die Entscheidung des Automobilkonzerns von Mitte der neunziger Jahre, einen global agierenden Konzern aufzubauen, trotz schwerwiegender Kritik am US-Engagement des Autobauers ausdrücklich verteidigt. Ein großes Unternehmen könne langfristig nur erfolgreich sein, wenn es auch in Asien und Nordamerika tätig ist.

Meine Überlegungen zielten in den siebziger Jahren bereits in die gleiche Richtung. Den US-Markt und Japan sah ich für uns als wichtigste Herausforderung an.

Der US-Markt und Japan waren die wichtigsten Herausforderungen

Die Perspektive, aus der unsere Entscheidung getroffen wurde und aus der ich über Globalisierung schreibe, weicht jedoch von denen großer Konzerne ab, wiewohl unsere Praxis mit vielen Aspekten allgemeiner Globalisierungsstrategien übereinstimmt.

Im Gegensatz etwa zu dem Konzernriesen aus Stuttgart oder zu den Entwicklungen bei international agierenden IT-Unternehmen fehlte uns für unseren Einstieg in Amerika oder in Asien das nötige Kleingeld, um die Märkte eigenständig zu bearbeiten bzw. durch Unternehmenskäufe Know-how und Distribution zu erwerben. Fusionen haben wir erst recht nicht in Betracht gezogen, weil wir eigenständig bleiben wollten. Insofern haben wir eine andere Strategie verfolgt und dabei anfangs oft nur kleine Brötchen backen können.

Going global

Statt sich Gedanken über Fusionen oder Firmenaufkäufe zu machen, entschieden wir uns für den Weg, in den jeweiligen Ländern mit geeigneten Partnern, d.h. mit Lizenznehmern, zusammenzuarbeiten.

Bei der Auswahl der ersten Länder, in denen wir Ende der siebziger, Anfang der achtziger Jahre aktiv wurden (u.a. USA, Korea, Nigeria, Japan), spielte die Nachfrage nach Capri-Sonne die Hauptrolle, und wir waren uns nicht zu schade, uns auch in Regionen zu engagieren, wo wir mit ungewöhnlichen Problemen fertig werden mußten.

Bei unserem ersten Engagement in Afrika 1980 haben wir beispielsweise noch in Kauf genommen, während der Regenzeit auf dem Weg vom Flughafen zum Produktionsort von Capri-Sonne schwitzend und fluchend bis zu den Knien im Wasser zu stehen, um das Taxi aus dem Schlammloch zu schieben: Unser Chauffeur hatte die Wassertiefe unterschätzt. Es blieb unseren Mitarbeitern im nigerianischen Kaduna auch nicht erspart, bei gewissen Bedürfnissen mit langen Eisenstangen bewaffnet im Gebüsch zu verschwinden. Denn die Toiletten sind bei unserer Fabrikationsanlage in den Außenbezirken der Stadt zwar plangemäß gebaut, nur nie angeschlossen worden. Und das angrenzende Areal beherbergte eine Vielfalt exotischer Schlangenarten aus dem afrikanischen Busch.

Ein Jahr später ist in der Landeshauptstadt Lagos eine neue Capri-Sonne Abfüllanlage errichtet worden.

Die Schaffung einer globalen Marke, die länderspezifischen Vermarktungsstrategien, die kulturellen und mentalitätsbedingten Unterschiede bei der Positionierung der Marke im jeweiligen Land, dies sind Themen, die mittlerweile Gegenstand wissenschaftlicher Studien an Universitäten und renommierten Wirtschaftsinstituten sind.

Ich will aus unserer Praxis, von unseren realen Erfahrungen her den Weg zur globalen Präsenz beleuchten. Es ist die Perspektive des Pioniers, des lernbegierigen Newcomers mit Entdeckergeist. Diese Haltung hat die gesamte Capri-Sonne-Story geprägt und soll denjenigen Mut machen, die ebenfalls mit einer guten Idee, aber ohne Rückhalt und finanzielle Möglichkeiten eines Konzerns international erfolgreich werden wollen.

In der Begegnung der Kulturen sehe ich wichtige Aspekte der Globalisierung. Das Aufeinandertreffen verschiedener Welten nimmt Einfluß auf die Konzeption der Vermarktung. Eine erfolgreiche Strategie wird sich um Begegnung und Austausch bemühen und mit der Marke nicht gleichzeitig einen vollständigen *way of life* transportieren wollen. Gefragt ist Integration, nicht Ignoranz, wenn wir in andere Märkte gehen.

Ob uns manche Eigenarten fremder Kulturen auf den ersten Blick positiv oder negativ berühren, ist eher zweitrangig. Daß wir uns berühren lassen, daß eine gegenseitige Beeinflussung stattfindet, ist aus meiner Sicht der entscheidende Punkt.

Die Zielgruppe von Capri-Sonne sind in erster Linie die Kinder, unsere globalen Konsumenten. Es gibt einen festen Markenkern weltweit. Der Spaß am Produkt, die Beliebtheit von Trinkpack und Strohhalm, das praktische Erleben sind überall gleich, die Verpackung wird von den Kindern einhellig akzeptiert. Ein flexibles Element ist der Geschmack. Es gehörte immer zu unserer Philosophie, daß wir den besten Geschmack im jeweiligen Land anbieten, der aber länderspezifisch differieren kann und muß.

Der globale Markt, geprägt durch Internet und New Economy, läßt sich auch als ein weltweit vernetzter *learning-pool* verstehen, in dem nicht Einbahnstraßen, sondern Wechselwirkungen den Weg bestimmen. Es kommt auf die Frage an, ob ein Unternehmen flexibel und aufgeschlossen genug ist, auf nationale, kulturelle Eigenheiten bei Produktion, Produktgestaltung, Vermarktung etc. einzugehen, ja sogar Rückwirkungen auf die heimische Produktion zuzulassen. Markt im ursprünglichen Sinne ist nicht nur ein Tauschplatz von Waren. Auch der Austausch von Meinungen, Informationen und ethnischen Werten findet auf dem Markt statt, auf dem örtlichen Marktplatz ebenso wie in der Verhandlung zwischen Lizenzpartnern oder auf dem weltweiten virtuellen Marktplatz, dem Internet.

Die Begegnung mit fremden Kulturen stellt immer eine Bereicherung dar

In diesem Sinne waren wir als Heidelberger Unternehmen nie nur die Lehrenden, wir haben im Gegenteil im Laufe unseres weltweiten Engagements viele Lernerfahrungen gemacht. Zu Eindrücken und Erlebnissen in anderen Ländern, die bei unseren Mitarbeitern teilweise auf Unverständnis stießen, gesellten sich ebenso viele Erfahrungen, die eine Bereicherung darstellten. Wir als Unternehmen und meine Mitarbeiter persönlich haben aus der Begegnung mit fremden Kulturen gelernt. Nicht zuletzt Toleranz.

Unter Toleranzgesichtspunkten verstehe ich nicht allein technische oder hierarchische Entscheidungen, wie beispielsweise die Frage, ob unser Fachmann während seines mehrwöchigen Aufenthalts in der koreanischen Capri-Sonne-Produktion die extra für ihn angefertigte goldbestickte Mütze als Zeichen für einen leitenden Mitarbeiter trägt oder dies ablehnt. Er trug sie übrigens mit Freuden, während andere Ereignisse bei unserem ersten Engagement in Korea, auf die ich bei der Ausführung zu den einzelnen Ländern eingehen werde, große Irritation ausgelöst hatten.

Mit Toleranz meine ich auch: Es gelten in anderen Ländern sogar bei kleinsten Details andere Maßstäbe und Grenzen der Vertretbarkeit, als unsere Ingenieure und Lebensmitteltechniker es bei der Produktion zu Hause gewohnt sind.

Wenn unsere Qualitätsvorschrift besagte, daß Capri-Sonne nach dem Abfüllen auf 28 Grad Celsius abgekühlt werden muß, dann ging unser Laborleiter beim Besuch der Produktionsanlage in Malaysia zunächst mit genau diesen Vorgaben ans Werk. Bis er feststellen mußte, daß aber das Kühlwasser schon eine höhere Temperatur aufwies. Und sein örtlicher Kollege erklärte ihm, daß, auch wenn man das Getränk auf die besagte Temperatur herunterkühlen könnte, das Produkt binnen kurzer Zeit die Lufttemperatur annehmen würde, die in der Regel weit über 28 Grad Celsius liege. Warum also auf einer Vorschrift, auf einer Vorsichtsmaßnahme beharren, sofern sie für die Qualität des Produkts im Rahmen der üblichen Toleranz nicht maßgeblich ist?

Auf der anderen Seite kamen wir uns zum Beispiel in Japan wie Waisenknaben vor, was Hygienevorschriften, Qualitäts- und Produktionskontrolle anbelangte. Und ich entschied gleich nach unseren ersten Besuchen in Japan, einen japanischen Verfahrensingenieur in unserem Unternehmen einzustellen. Der Ingenieur Shoichi Kurihara brachte die Theorie und Praxis der japanischen Unternehmensphilosophie *kaizen* mit, das ist die kontinuierliche Verbesserung von Qualitätsprozessen. Unermüdlich arbeitete er daran, die hohen Standards in seiner Heimat auf unsere Produktion zu übertragen. Ein von allen Betriebsangehörigen hochgeschätzter Mitarbeiter, der leider früh an einer Krankheit verstarb.

Als wir 1979 Shoichi Kurihara nach Deutschland geholt hatten, war es im übrigen noch mit erheblichen bürokratischen Schwierigkeiten verbunden, einen erfahrenen Fachmann aus dem Ausland einzustellen. Und noch heute, obwohl die Idee, international voneinander zu lernen, hoch im Kurs steht, gibt es in Deutschland nur für spezielle Wirtschaftsbereiche und erst seit kurzem eine Green Card.

Bei der Auswahl von Lizenzpartnern in aller Welt habe ich mich von der Überzeugung leiten lassen, daß es von Vorteil ist, eine geschäftliche Verbindung mit einem ausländischen Unternehmen einzugehen, von dem wir lernen konnten. Wir wußten, daß wir auf dem Sektor der natürlichen Grundstoffe und Aromen für Getränke unschlagbar waren, daß uns auch bei der Entwicklung von landestypischen Geschmacksnoten kaum jemand etwas vormachen konnte. Aber es war uns auch klar, daß wir in anderen Bereichen Know-how von großen ausländischen Firmen ins Land holen konnten. Wir erwarben neue Kenntnisse über EDV, Managementfähigkeiten, Qualitätskontrolle oder Marketing bei Partnern in Australien, Amerika und Japan zu einer Zeit, als diese Entwicklungen in Deutschland noch nicht den Standard hatten wie in den genannten Ländern.

Man soll zwar sein Licht nicht unter den Scheffel stellen, aber auf dem Weg zum Global Player ist jede Art von Arroganz eher schädlich. Kooperation und regelmäßiger Erfahrungsaustausch nutzen auch dem Lizenzgeber.

Viele meiner Mitarbeiter waren zuvor beruflich nicht über das Werksgelände im kleinen Eppelheim hinausgekommen. Die internationalen Geschäftsbeziehungen durch Capri-Sonne eröffneten uns die Chance, bei Reisen und Arbeit in verschiedenen Ländern Welterfahrung zu sammeln und unseren Horizont zu erweitern. Jede neue Begegnung mit fremden Kulturen, mit unterschiedlichen Lebenseinstellungen, die in Werkshallen wie in Vorstandsetagen spürbar werden, hat uns professioneller gemacht und positive Veränderungen in der Organisation und im Marketing gebracht. Nach wenigen Jahren haben die Auslandserfahrungen aus den Mitarbeitern ein ganz neu motiviertes Team geschaffen.

Diese Veränderungen im Zuge der Internationalisierung hatten wiederum eine positive Wirkung, einen verstärkenden Effekt auf die nächsten Schritte beim *Going global*, denn aus der rein regionalen Perspektive läßt sich internationales Engagement schließlich nicht erfolgreich betreiben.

Für mich war es von großem Vorteil, daß ich von meinem Vater gefördert wurde und aus eigenem Interesse schon in der Jugend viel Auslandserfahrung gesammelt hatte. Bevor ich als 33jähriger in unserem Unternehmen tätig geworden war, habe ich auf diversen Reisen bereits viel von der Welt gesehen. Auch zwei Auslandsstudien trugen zur internationalen Erfahrung bei, ich habe Jura und Betriebswirtschaftslehre zum Teil in England, später in Frankreich studiert, wo ich auch promoviert habe. Es kam die berufliche Erfahrung hinzu, vor dem Einstieg in den väterlichen Betrieb verantwortlich ein branchenfremdes Unternehmen geleitet zu haben.

Trotz dieser Auslands- und Berufserfahrung wäre es vermessen zu behaupten, ich sei für das internationale Geschäft unseres Unternehmens ausreichend vorbereitet gewesen. Auch für mich galt das gleiche Prinzip, das ich bis heute bei meinen Mitarbeiter fördere und es von ihnen fordere: Eine fundierte Fachausbildung ist die notwendige Grundlage, aber danach geht das Lernen erst richtig los und wird zur lebenslangen Aufgabe.

Aufgeschlossenheit für neue Herausforderungen und Ideen für die internationale Vermarktung fehlten uns nicht. Doch unsere Auslandserfahrung war Mitte der siebziger Jahre nahezu gleich Null. Fest stand, daß der Aufbau des internationalen Geschäfts kein kapitalintensives Unternehmen werden durfte. Die Alternative hieß Franchising. Als Franchise-Geber oder Lizenzgeber konnten wir potentiellen Lizenznehmern viel bieten: Ein neuartiges Produkt mit gutem Markennamen, Rezepturen, Grundstoffe und die Maschinen zu seiner Herstellung, technisches Know-how und Unterstützung bei der Vermarktung. Bekanntlich genießt beim Franchise-System die Geberseite den Vorteil, daß

Als Lizenzgeber betraten wir Neuland

ein Großteil des finanziellen Risikos vom Franchise-Nehmer als dem Produzenten und Vermarkter getragen wird. Dafür profitiert der Lizenznehmer von der Geschäftsidee und spart die Kosten für die Produktentwicklung.

Unsere Aufgabe bestand darin, geeignete Lizenzpartner für unsere Idee zu gewinnen. In der Theorie beginnt man mit einer länderspezifischen Marktanalyse, unterwirft potentielle Franchise-Nehmer einer Rentabilitätsprüfung und schließt nach detaillierter Ausarbeitung aller Rechte und Pflichten der künftigen Zusammenarbeit die Lizenzverträge ab. Dies ist jetzt sehr verkürzt dargestellt, aber so wurde von Anfang an das Lizenzgeschäft für Capri-Sonne betrieben. Doch Mitte der siebziger Jahre, als Horst Bussien und ich uns auf den Weg gemacht hatten, unsere Geschäftsidee auf dem Weltmarkt zu verkaufen, verfügten wir kaum über internationale Verbindungen und Marktkenntnisse, wir wußten nicht einmal genau, welche Einzelheiten ein Lizenzvertrag beinhalten muß.

Da es uns an finanziellen Möglichkeiten gefehlt hatte, einen Lizenzvertrag für künftige Geschäftspartner von renommierten Fachleuten erarbeiten zu lassen, nahm ich mir einige Musterverträge vor und setzte mit meinen juristischen und wirtschaftlichen Kenntnissen einen einheitlichen Vertrag mit dem Titel »Capri-Sonne Exclusive Appointment« auf.

Die bei Franchising oft bevorzugte Royalty-Klausel fehlte in unseren Lizenzverträgen von Anfang an, denn an Royalty habe ich nie geglaubt. Eine solche Lizenzgebühr für die Markenrechte ist meines Erachtens abträglich für gute partnerschaftliche Geschäftsbeziehungen, sie stellt eher eine Lizenz zum Abkassieren dar. Den Zahlungen des Franchise-Nehmers müssen echte Leistungen unsererseits gegenüberstehen: Maschinen und vor allem Grundstoffe für die Capri-Sonne-Produktion.

Die Grundstoffe, die vielfältigen Kreationen unserer Flavoristen in Heidelberg, weltweit zu vermarkten, das war das eigentliche Ziel und gab unserem globalen Engagement Sinn. Daß wir »nebenbei« unseren Lizenzpartnern eine ganze Fabrikationsanlage liefern konnten, sahen wir zunächst eher als Mittel zum Zweck an. Mit INDAG, nicht zuletzt unter wesentlicher Mitwirkung von Shoichi Kurihara und unter der Leitung von Hardy Kraft, ist auch aus dem Maschinenbau ein lukratives internationales Geschäft geworden. Es zeigen sich hier wieder Wechselwirkungen, die Nutzung der Vorteile innerbetrieblicher Synergien beim Wachstum der gesamten Unternehmensgruppe. Capri-Sonne als Produkt der Deutschen SiSi-Werke konnte nur mit Hilfe weiterer Gründungen der WILD-Gruppe im weltweiten Lizenzgeschäft erfolgreich operieren. Die weiterentwickelte Maschinengeneration von INDAG sowie die neuen Vermarktungskonzepte und das operative Engagement der Rudolf Wild GmbH & Co. International KG haben die Erfolge auf internationaler Ebene möglich gemacht.

Das von INDAG entwickelte *Turn-key*-Konzept haben wir im Laufe der Jahre perfektioniert. Heute erhält ein Lizenznehmer ein ausgeklügeltes Paket an Leistungen. Ziel ist die Produktion vor Ort, doch nur sehr selten bauen wir gleich eine Fabrik am geplanten Produktionsort auf. Der Lizenzpartner muß seinen Markt zunächst testen können, muß einen Kundenstamm aufbauen und seinen Vertrieb mit dem neuen Produkt vertraut machen. Bis zum Erreichen der notwendigen Grundauslastung bekommt der Lizenznehmer die Ware aus Heidelberg oder vom nächstgelegenen Produktionsstandort geliefert. Das heißt, unsere Unternehmensgruppe entwickelt die vom Kunden favorisierten Geschmacksnoten und liefert die entsprechenden Sorten Capri-Sonne. Darüber hinaus helfen wir, wo es erforderlich ist, beim Aufbau der Vermarktung und der inneren betrieblichen Struktur bis hin zu Buchhaltungsfragen. Sobald der Warenabsatz auf dem ausländischen Markt die Grundauslastung für eine Maschine garantiert, erfolgen die nächsten Schritte. Ab einer Stückzahl von rund zwölf Millionen verkauften Capri-Sonne Trinkpacks pro Jahr lohnt sich für den Lizenzpartner eine eigene Produktion.

Ob für die Aufnahme der Produktion nur die notwendigen Maschinen geliefert werden oder gleich eine ganze Fabrik errichtet wird, entscheidet sich nach den Gegebenheiten vor Ort, denn manche Lizenznehmer verfügen bereits über geeignete Produktionsräume.

Grundsätzlich erhält der Lizenznehmer den für die Produktion notwendigen Maschinenpark und die Grundstoffe für die Capri-Sonne-Abfüllung. Weitere Rohstoffe, wie beispielsweise Wasser, Zucker und Säfte, werden aus dem betreffenden Land verwendet, sofern sie unserem Qualitätsstandard entsprechen. Ständige Kontrolle behalten wir uns vor. Unsere breite Palette an natürlichen Aromen stellt sicher, daß Capri-Sonne einerseits in jedem Land unseren Ansprüchen an geschmackliche Qualität genügt, andererseits den landesüblichen Geschmacksvorlieben gerecht wird.

Wenn der Neukunde nicht nur Komponenten, sondern eine komplette Fabrik für die Produktion benötigt, so bekommt er auch die von uns gestellt. Die Anlage wird von INDAG unter Berücksichtigung aller örtlichen Gegebenheiten und Erfordernisse geplant. Gerade der Aspekt eines funktionierenden Kundendienstes legt die Zusammenarbeit mit einheimischen Unternehmen beim Bau der Anlage nahe. Der Bau wird nach unseren Vorgaben errichtet, da gewisse Standards wie gefliese Wände, säurefester Boden und andere Details aus Hygienegründen streng eingehalten werden müssen. Alle diese Vorgaben sind in einem von uns erstellten Handbuch festgelegt.

Während die Fabrikanlage noch gebaut wird, kommen bereits Mitarbeiter des jeweiligen ausländischen Partnerunternehmens nach Heidelberg, wo sie geschult werden. In Seminaren vermitteln wir dem Lizenznehmer bzw. seinen Mitarbeitern die nötige Theorie, beispielsweise Sensorikschulung oder Produktentwicklung. Die Gäste lernen in den Werkshallen auch die Praxis kennen, werden mit allen Schritten in der Produktion vertraut gemacht und arbeiten sogar an der selben Maschine, die sie kurze Zeit später in ihrer Heimat werden bedienen müssen. Denn die fertiggestellte Maschine besteht ihren ersten Probelauf in unserem Werk, auch wenn sie zu diesen Testzwecken die Beutel nur mit Wasser füllt. Nach dem Einlernen der ausländischen Mitarbeiter wird die Maschine abgebaut und in Containern an ihren Bestimmungsort transportiert.

Mit Anlieferung und Aufstellung der Maschinen in der fertiggestellten Fabrik des Lizenznehmers reisen unsere Techniker und Fachkräfte in das jeweilige Land, um die Produktion in Betrieb zu nehmen. Es folgen erneute Testläufe, Qualitätskontrollen und Hilfestellung beim Engineering, bis schließlich die schlüsselfertige Fabrik dem Geschäftspartner übergeben wird.

Das *Turn-key*-Konzept bietet Lizenznehmern einen zusätzlichen, schwer zu überbietenden Vorteil. Der Bau einer Fabrik, in der Getränke in Flaschen oder Dosen abgefüllt werden, ist ein gewaltiges Unterfangen, der Lizenznehmer benötigt ein großes Areal und erhebliche Finanzmittel für die Errichtung der Getränkefabrik. Unser Konzept hingegen ist sehr kompakt, es werden keine Räumlichkeiten von mehreren hundert Quadratmetern Fläche benötigt, im Prinzip läßt sich die Produktion von Capri-Sonne in einer Anlage von der Größe eines Einfamilienhauses unterbringen.

Im Grunde haben wir dieses *Turn-key*-Konzept schon Mitte der siebziger Jahre in Saudi-Arabien praktizieren

Die Capri-Sonne-Produktion wird schlüsselfertig übergeben

wollen, was aus den bereits im Abschnitt »Erste Abenteuer unter heißer Sonne« geschilderten Gründen im Sande verlief. In den vergangenen zwei Jahrzehnten aber gewannen wir Jahr für Jahr neue Lizenzpartner auf verschiedenen Kontinenten hinzu, so daß heute in 18 Ländern Capri-Sonne produziert und von diesen Produktionsstandorten aus in mehr als 70 Länder exportiert wird.

Bekanntlich ist aller Anfang schwer. Wir waren zwar sehr früh für Franchising gerüstet, hatten das Grundstoff-Know-how, hatten die Musterverträge, hatten mit dem *Turn-key*-Prinzip schließlich das Konzept für das internationale Business entwickelt. Es fehlten »nur« noch internationale Kunden.

Wie knüpft man Geschäftsbeziehungen zu ausländischen Partnern, wenn man kaum Erfahrung auf diesem Gebiet hat? Muß man sozusagen bei Null anfangen und stehen einem auch keine üppigen Finanzmittel zur Verfügung, helfen wieder die Phantasie, die Begeisterungsfähigkeit und der Anfängermut.

Erste Kontakte knüpften wir zum Teil mit Hilfe unseres Folienlieferanten, der Firma Kalle, vor allem aber bei internationalen Messen wie der Interpack. Wir verteilten zum Beispiel auf Fachmessen Capri-Sonne und belieferten auch die Hotels, in denen die ausländischen Messebesucher abgestiegen waren. Nur, daß die Rückseite der Capri-Sonne-Beutel speziell bedruckt war, sie diente als Werbefläche. Meist führten diese Kontakte nicht direkt zum Ziel, es kamen zunächst keine oder nur kurzfristige Geschäftsverbindungen zustande. Aber auch Interessenten ohne Produktionsabsicht oder kleinere Exportaufträge führten uns in neue Länder, eröffneten uns indirekt weitere Chancen.

Wir waren unterwegs und lernten dazu. Es kam sogar vor, daß wir auf unseren Reisen ganz unerwartet Geschäfte abschließen konnten. So etwa bei einer Zwischenlandung von Australien in die USA auf Tahiti.

Horst Bussien und ich wollten die Zeit nutzen, stöberten das Branchenbuch durch und besuchten einen örtlichen Getränkevermarkter. Als wir wieder abflogen, hatten wir zwei Container Capri-Sonne verkauft.

Die Wander- und Lehrjahre als Globetrotter mit Geschäftsambitionen nutzten wir nicht allein zum Aufbau von Geschäftsverbindungen, die Aufenthalte in aller Herren Länder dienten auch dazu, Erfahrungen über die Verbraucherwünsche zu sammeln. Im Gegensatz zur Marktforschung, die wir heute betreiben, basierten unsere Erfahrungen damals weitgehend auf persönlichen Eindrücken. Die Ergebnisse unserer Beobachtungen lassen sich nicht mit wissenschaftlichen Marktanalysen messen, doch daß die Verbraucher Capri-Sonne global akzeptieren würden, war schon damals deutlich erkennbar.

Wir lernten und erkannten also sehr früh, daß unsere Zielgruppe auch auf den internationalen Märkten in erster Linie Kinder und Jugendliche sein würden. Der Beutel mit dem Strohhalm ist bei Kindern überall in der Welt beliebt, diese Verpackungsform spricht Kinder und Jugendliche stärker an als die Erwachsenen. Aber natürlich war auch zu berücksichtigen, daß die Käufer die Eltern sind, die zunächst das Produkt auf Qualität und Geschmack hin testen, und daß deren Vorlieben bezüglich bestimmter Geschmacksnoten sehr ernst genommen werden müssen.

Wir bauen seit Ende der siebziger Jahre mit großem Erfolg eine globale Marke auf. Der Markenkern ist weltweit identisch, unser Markenprodukt heißt in allen Ländern Capri-Sonne bzw. Capri-Sun in England und in Nordamerika. Der Markenname und der Beutel als unverwechselbare Verpackung bilden das Markendach und garantieren die Qualität des Getränks überall auf der Welt. Dennoch entspricht Capri-Sonne zum Beispiel in Asien geschmacklich nicht dem gleichnamigen Produkt in Europa.

Kulturelle Präferenzen bestimmen den Geschmack

Verbraucher gehen oft davon aus, wenn sie andere Länder besuchen, ein ihnen aus der Heimat bekanntes Markenprodukt schmecke überall in der Welt gleich. Ebenso lassen sich Produzenten aus Kostengründen und zur Erhöhung der Effizienz dazu verleiten, auf dem Weg zum Global Player nationale Besonderheiten außer acht zu lassen.

Unser Produkt Capri-Sonne hat sich international durchgesetzt, weil wir unseren Kunden mehr bieten als nur einen universalen Einheitsgeschmack. Bei der Kreation unseres Markenartikels achten wir darauf, daß der Geschmack sich kulturellen Präferenzen anpaßt. Hier beginnt die hohe Kunst unserer Flavoristen. Nicht wir geben vor, wie Capri-Sonne hier oder dort auf der Welt zu schmecken hat, der einheimische Kunde sagt uns, wie er sich dieses Produkt in seiner wesentlichen Eigenschaft wünscht: Im Geschmack. Die Akzeptanz durch den Konsumenten hat in vielen Ländern die lokale Markenführerschaft und schließlich den Aufbau der globalen Marke ermöglicht.

Nehmen wir als Beispiel den Kirschgeschmack. Als in unserem Labor in Heidelberg die Sorte Kirsche für Japan kreiert wurde, war das keine leichte Aufgabe. Note für Note veränderten die Geschmacksentwickler das Kirscharoma, bis ihre Geschmacksnerven rebellierten. Doch genau an dem Punkt, als unsere Fachleute irritiert mit der Zunge über die Lippen fuhren und das Gesicht verzogen, begannen die Augen unseres japanischen Mitarbeiters Kurihara zu strahlen: Exakt so muß Kirsche in Japan schmecken!

Oder das Beispiel Ungarn: Bezüglich Aufmachung und Namen entspricht Capri-Sonne Kirsch auch in Ungarn dem gleichen Produkt in allen anderen Ländern. Nur wenn man auf der Rückseite des Beutels die Zutaten des Getränks anschaut, entdeckt man, daß dieses Fruchtsaftgetränk etwas anders schmecken muß. Dort ist nämlich unter den Ingredienzen nicht Kirsch (cseresznye), sondern Sauerkirsch (meggy) aufgeführt. Des Rätsels Lösung ist einfach: In Ungarn bevorzugt man bei Erfrischungsgetränken den Sauerkirschgeschmack. Schon die ungarische Sprache unterscheidet zwischen beiden Früchten eindeutig, anders als es etwa im Deutschen der Fall ist. Und wenn beim Trinken in Ungarn von »cseresznye« die Rede ist, assoziiert man fast automatisch Kirschschnaps. Als Erfrischungsgetränk trinkt man – wie auf dem Trinkpack auch korrekt angegeben ist – »meggy gyümölcsital«, also einen Sauerkirschfruchtsaft.

Der feine Unterschied liegt bei der Berücksichtigung kultureller, ethnisch geprägter Besonderheiten. Unsere Position als global erfolgreiche Marke verdanken wir nicht zuletzt der Tatsache, daß wir gelernt haben zu differenzieren und somit gezielt auf die lokalen Geschmacksbedürfnisse der Konsumenten eingehen.

Unterwegs rund um den Globus

Trete ich heute eine Reise an, um langjährige Lizenzpartner oder im Aufbau befindliche Werke zu besuchen und neue Geschäftsfelder zu erschließen, führt die Reise beispielsweise über Rußland, Dubai, Taiwan, Korea, China, Japan, Hawaii und verschiedene Städte in den USA zurück zu unserem Stammsitz. Was treibt einen Unternehmer nach wie vor um die Welt, könnten manche fragen, der es doch in überraschend kurzer Zeit geschafft hat, eine Weltmarke aufzubauen?

Welche Ziele verfolgt ein Unternehmen, dem es gelungen ist, sogar auf dem hart umkämpften Getränkemarkt Nordamerikas, der Heimat der Softdrinks, mit der deutschen Marke Capri-Sonne die führende Rolle unter den Erfrischungsgetränken in Portionspackungen zu erringen?

Die Faszination, die Zukunft zu gestalten und Verantwortung zu übernehmen, ist nach wie vor so lebendig wie vor einem Vierteljahrhundert, als wir uns mit dem Mut und dem Geist des Anfängers auf den abenteuerlichen Weg gemacht haben, Capri-Sonne international zu vermarkten.

Nachdem ich unsere Voraussetzungen für ein *Going global* dargelegt habe, schildern die folgenden Abschnitte wichtige Stationen unserer weltweiten Akquisition.

Diese Entwicklung mit ihren Niederlagen und Erfolgen zeigt abermals, daß wir uns trotz des Erreichten immer oder immer wieder am Anfang befinden, uns erneut einer innovativen Phase zuwenden, die stets neue Ziele setzt und weitere Herausforderungen mit sich bringen wird. In den Ausführungen über unsere Firmenphilosophie werde ich schließlich die Quintessenz des Erreichten zusammenfassen.

Lasse ich die vergangenen zwei Jahrzehnte Revue passieren, den Blick zurück in die Pionierzeit unseres internationalen Engagements wandern, sehe ich beispielsweise, wie in den Fernsehnachrichten eine Stadt in Aufruhr gezeigt wird, sehe ein brennend einstürzendes Haus, und ich höre mich rufen: Das ist doch das hauptstädtische Bürohaus unseres iranischen Partners in Rezayeh[1]!

Die Stadt, die den Namen des persischen Herrschers trug, wurde nach der Absetzung des Schahs Mohammad Reza Pahlavi 1979 in Urmia umbenannt. Sie liegt im Westen Irans, nahe der Türkei, am Urmiasee. Dort in Rezayeh wurde Capri-Sonne zum ersten Mal außerhalb Europas produziert. Die Produktion lief nur wenige Jahre, denn mit dem Beginn der islamischen Revolution im Iran 1979 endete unser unmittelbares Engagement in diesem Land, zumal unser Partner den Iran verlassen hatte.

In Rezayeh arbeiteten jedoch unsere ersten ins Ausland verkauften Abfüllmaschinen, nachdem die Geschäftsverbindung 1976 zustande gekommen war, und diese Maschinen sind bis heute im Betrieb.

Unser Kunde war ein sehr wohlhabender Geschäftsmann, er betrieb eine BMW-Niederlassung, eine erlesene Weinkellerei und eine große Schnapsbrennerei, schließlich wollte er auch in das Geschäft mit Erfrischungsgetränken einsteigen. Zunächst wurde nur einheimischer Traubensaft in die von uns gelieferten Beutel abgefüllt, bald wurde auch die Produktion von Capri-Sonne aufgenommen. Zu ihrer geplanten Ausweitung ist es wegen der politischen Entwicklung nicht mehr gekommen.

---

1 Neben Rezayeh ist auch die Schreibweise Resaijje geläufig. Für andere arabische Städtenamen sind ebenfalls unterschiedliche Schreibweisen möglich. Die in dem Buch verwendeten Varianten orientieren sich an Meyers Lexikon.

Zum ersten Mal brachen 1976 einige unserer Mitarbeiter zu einem geschäftlichen Auslandsaufenthalt auf und berichteten anschließend staunend über Kuriositäten von der Produktionsstätte in Rezayeh.

Die mit Traubensaft gefüllten Beutel wurden im Lager von Hand in Kartons gepackt. Erst beim genaueren Hinsehen merkte man, daß die jungen Frauen je nach Geschicklichkeit mal vier oder fünf Beutel mehr, mal weniger in die Kartons packten. Die meisten von ihnen konnten einfach nicht zählen. Es mußte also eine Waage aufgestellt werden, doch mit der Skaleneinteilung kamen auch nicht alle zurecht. Mit einem dicken Filzstift wurde schließlich die Stelle markiert, bis zu der der Zeiger der Waage ausschlagen mußte, damit der Karton mit den vorgesehenen 40 Trinkbeuteln gefüllt war.

Natürlich haben wir im Unternehmen angeregt, daß zu der Abfüllmaschine auch die von uns entwickelte Verpackungsmaschine aufgestellt werden sollte. Und obwohl Geld keine große Rolle spielte, rechnete der Geschäftsführer unseren Fachleuten vor, daß es auf Jahre hinaus erheblich billiger sei, statt einer Maschine das ungelernte Personal zu bezahlen.

Heißabfüllung, Sterilabfüllung, Qualitätskontrolle – alles mußte vor Ort in Lehrgängen vermittelt werden. Unser Laborleiter verbrachte etliche Wochen in Rezayeh. Und auch daran mußten sich meine Mitarbeiter erst gewöhnen, daß die dortigen Arbeiter mitten in den Ausführungen bzw. praktischen Vorführungen aufstanden und gingen. Sie taten es keineswegs aus Desinteresse oder gar mit böser Absicht. Sie begaben sich in einen großen Raum innerhalb der Fabrik, der mit einem wunderschönen Teppich ausgelegt war, um dort traditionsgemäß mehrmals am Tag zu beten. Nicht allein zu vorgeschriebenen Zeiten stand jedem Beschäftigen das Recht zu, sich für eine kurze innere Einkehr zurückzuziehen.

Die ersten drei Abfüllmaschinen, die wir 1977 ins Ausland exportiert hatten, erreichten zwar alle ihren Bestimmungsort, jedoch ohne daß dort in jenen Jahren unser Getränk produziert wurde.

Im Iran konnte die Produktion von Capri-Sonne aus den genannten Gründen nicht anlaufen. Unser damaliger Partner in Israel orderte von vornherein eine Maschine nur zum Abfüllen eigener Getränke. Und unser erster Geschäftspartner in Saudi-Arabien verlor das Interesse an der Getränkeproduktion, noch bevor der Aufbau der gelieferten Fabrikanlage von uns in Angriff genommen werden konnte.

Der größte Staat auf der arabischen Halbinsel zählt aber auch zu jenen Ländern, in denen wir im zweiten Anlauf den Durchbruch auf einen interessanten Absatzmarkt geschafft haben.

Mit dem neuen Partner Springs Beverage Factory Company Ltd. wurden Lizenzverträge abgeschlossen. Wie gut zwanzig Jahre zuvor lieferte auch 1999 INDAG die spezielle Capri-Sonne-Abfüllanlage nach Saudi-Arabien, die in diesem Fall aber bereits im gleichen Jahr offiziell eingeweiht wurde – trotz eines beträchtlichen Unfalls: Per Schwertransport gelangte die Abfüllanlage von Eppelheim auf den Frachter und wurde nach Dschidda verschifft. Bis zum Ausladen im Hafen am Roten Meer verlief alles reibungslos. Erst auf dem letzten Teilstück in die Hauptstadt Ar Rijad, mitten in der Wüste, kollidierte der Schwertransport mit einem Brückenpfeiler. Der einheimische Fahrer kam mit dem Schrecken davon, aber nicht nur die Brücke, sondern leider auch unsere Abfüllanlage wurde bei dem Zusammenstoß erheblich beschädigt. Einige Teile mußten eilig aus Deutschland nachgeliefert und die gesamte Anlage vor Ort neu justiert werden.

Mit solchen – kleineren wie größeren – Herausforderungen leben wir allerdings seit den Anfängen des Maschinenbaus in unserem Unternehmen. Dank erfahrener Ingenieure bedeutete der Transportunfall lediglich eine Verzögerung von knapp drei Monaten, bis die Produktion im Juni anlaufen konnte.

Seither werden auf dem Erfrischungsgetränkemarkt des größten Rohölexporteurs der Welt sieben Sorten Capri-Sonne angeboten.

Neben Saudi-Arabien wird auf der arabischen Halbinsel in den Vereinigten Arabischen Emiraten Capri-

Capri-Sonne löscht den Durst in der Wüste

Sonne produziert, dort bereits seit 1984. Die Firma Arab Beverages Establishment, die mittlerweile über hundert Mitarbeiter beschäftigt, beliefert von Dubai aus auch die Länder im Norden und Osten der arabischen Halbinsel. Firmengründer Abdul Aziz El Accad begann mit der Produktion und der Vermarktung von Capri-Sonne in Dubai, sein Sohn Nils El Accad schwärmt vom hohen Bekanntheitsgrad und der Beliebtheit des Getränks bei Kindern, aber auch unter Erwachsenen. Den Erfolg und die Wettbewerbsfähigkeit des Erfrischungsgetränks führt er eindeutig darauf zurück, daß das Getränk zu 100 Prozent aus natürlichen Rohstoffen hergestellt wird und daß es zu den Produktionsmaximen gehöre, auch auf künstliche Aromastoffe oder Konservierungsmittel zu verzichten.

Wie in den meisten Ländern der Welt zählt auch in der Golfregion Orange zu den beliebtesten Sorten, dicht gefolgt von Geschmacksrichtungen, die speziell dort als besondere Favoriten gelten: Mango und Erdbeere.

Der Iran blieb nicht das einzige Land, in dem uns die Politik einen Strich durch die Rechnung gemacht hat. So wie Saudi-Arabien nicht das einzige Beispiel ist, daß wir trotz anfänglicher Probleme in einem Land dort schließlich doch eine gut funktionierende Geschäftsbeziehung aufbauen konnten.

In Südkorea haben politische Entscheidungen unserem ersten Start 1979 ein baldiges Ende bereitet. Ein Jahr nach dem Beginn unseres Engagements wurde der südkoreanische Oppositionspolitiker Kim Dae-jung vom Militärregime zum Tode verurteilt, wurde lange Jahre im Gefängnis gefoltert und wartete auf die Exekution.

Mittlerweile haben sich die politischen Verhältnisse im Süden der koreanischen Halbinsel grundlegend geändert. Kim Dae-jung blieb dank internationaler Interventionen am Leben. Im Jahre 1997 wurde er zum Präsidenten gewählt und drei Jahre später für seine Arbeit für Demokratie und Menschenrechte mit dem Friedensnobelpreis ausgezeichnet.

In seiner vielbeachteten Dankesrede am 10. Dezember 2000 in Oslo, in der Kim Dae-jung die gesamte Menschheit dazu aufrief, sich dem Frieden zu widmen, ging der südkoreanische Präsident auch auf das Verhältnis von Demokratie und Marktwirtschaft ein:

»Ich bin der Überzeugung, daß Demokratie ein absoluter Wert ist, der die Würde des Menschen ausmacht, Demokratie ist die Basis für wirtschaftliche Entwicklung und Gerechtigkeit. Ohne Demokratie kann sich Marktwirtschaft nicht entfalten und ohne Demokratie kann wirtschaftliche Wettbewerbsfähigkeit nicht funktionieren und Wachstum entstehen. Eine Wirtschaft, der die demokratische Grundlage fehlt, ist wie eine Burg, die auf Sand gebaut ist.«

Korea gehört zu den ersten Ländern, in dem wir internationale Erfahrungen gesammelt haben und selbst erfahren mußten, wie stark wirtschaftlicher Wettbewerb von demokratischen Strukturen abhängt.

Die Zusammenarbeit mit unserem Lizenznehmer gestaltete sich vielversprechend, der koreanische Backwarenkonzern unweit der Hauptstadt Seoul stieg mit Capri-Sonne erfolgreich in die Getränkeproduktion ein. Von meinen Mitarbeitern, die zum Aufbau der Produktion nach Südkorea gereist waren, hörte ich nur Gutes über die »fleißigen, liebenswerten Kollegen«, die »immer lachen und sich immerzu verneigen« würden.

Nachdem die anfänglichen Probleme behoben waren – das Unternehmen verfügte in der Getränkeherstellung über keinerlei Erfahrung –, gab es wirtschaftlich gesehen keine Gründe, an einem lang anhaltenden Erfolg zu zweifeln. Die Werbespots, die wir gerade damals mit Muhammad Ali gedreht hatten, sorgten auch in Korea für reißenden Absatz.

Unterwegs rund um den Globus

Start der Capri-Sonne-Produktion mit Nong Shim Company, 1998

Doch soweit wir es aus der Ferne nachvollziehen konnten, war die Expansion unseres Partners auf dem koreanischen Getränkemarkt einflußreichen Konkurrenten ein Dorn im Auge. Jedenfalls haben die Behörden mit fadenscheinigen Argumenten dem Unternehmen die Getränkeproduktion untersagt. Der Verkaufsmanager wurde verhaftet und saß zeitweilig im Gefängnis.

Wir haben uns von Heidelberg aus intensiv bemüht, die Vorwürfe der Behörden zu entkräften, und haben Gutachten erstellen lassen und nach Korea geschickt. Der Verkaufsmanager kam zwar auf freien Fuß, doch eine Neuaufnahme der Produktion konnten wir nicht erwirken.

Erst 1996 kehrte Capri-Sonne nach Südkorea zurück, zunächst als Exportartikel. Mit dem demokratischen Wandel wurde auch die Produktion vor Ort wieder möglich. Unser neuer Lizenzpartner, die Nong Shim Company in Seoul, ist der zweitgrößte Nahrungsmittelkonzern des Landes. Produziert werden seit 1998 die auch in Deutschland bevorzugten Sorten Orange, Safari, Alaska Eistee, Apfel und Kirsch.

Ein besonders wichtiger Schritt auf dem Weg zu den Märkten Asiens erfolgte 1980 mit dem Start in Japan, wovon noch zu sprechen sein wird. Weitere Produktionsstandorte im Fernen Osten entstanden in Indonesien, Thailand und Taiwan.

In allen diesen Ländern konnten gut funktionierende Wirtschaftsbeziehungen geknüpft und ausgebaut werden, die sich in langen Jahren bewährt haben.

Die Wirtschaftsbeziehungen zum Fernen Osten haben sich bewährt

In Singapur allerdings bekamen wir es gleich zu Anfang der achtziger Jahre mit einem übereifrigen Partner zu tun. Wie in jedem Land üblich reisten nach Unterzeichnung der Verträge unsere Experten in Singapur an, um die Produktion einzurichten, den Produktionsstart und die nachfolgende Phase mit Rat und Tat zu begleiten.

Auch hier gab es sonderbare Erlebnisse. Lang und breit erklärten wir den Beschäftigten die Bedeutung der Mikrobiologie, was Hefen, Schimmelpilze und Getränkefehler seien und warum die Anlage regelmäßig sterilisiert werden müsse. Eines abends entdeckte einer unserer Mitarbeiter, wie ein Beschäftigter die frisch sterilisierten Behälter alle mit einem feuchten, nicht gerade sauberen Lappen von innen auswusch. Voller Stolz, mit leuchtenden Augen erklärte der Arbeiter, daß er alles noch einmal nachgeputzt habe, damit es auch besonders schön glänze.

Die wirklichen Probleme erwuchsen aber aus dem Übereifer des Chefs, eines jungen Chinesen. Er wurde von uns anfangs nach Heidelberg eingeladen, denn er sollte die bedeutende Aufgabe übernehmen, von Singapur aus den südasiatischen Markt aufzubauen. Der geschäftstüchtige junge Mann entwickelte mit der Zeit jedoch eine sehr eigene Auffassung in der Auslegung des Lizenzvertrages. Wie wir erst allmählich herausfanden, schloß er in Nachbarländern munter unter seinem Namen Verträge mit anderen oder von ihm gegründeten Firmen ab, wobei er eigenmächtig als Lizenzgeber von Capri-Sonne auftrat. Mehrere Reisen von Herrn Dr. Zeller in die Region, insgesamt ein gehöriger Aufwand und rechtliche Schritte waren erforderlich, bis wir diesem bunten Treiben ein Ende setzen konnten.

Wir blieben weiter aktiv in der Region, schon 1984 unterzeichneten wir in Indonesien mit dem Unternehmen PT. AORTA einen Lizenzvertrag. Seit über fünfzehn Jahren laufen die Geschäfte reibungslos. Es gehört zu unseren Grundsätzen, in einem Land die Lizenz stets nur an einen Partner zu vergeben. Das bedeutet aber nicht, daß wir in einer ganzen Region alles auf eine Karte setzen wollen. Die indonesische Produktionsfirma exportiert Capri-Sonne nach Malaysia, Hongkong, Brunei, Sri Lanka und nicht zuletzt nach Singapur.

Auch unser indonesischer Partner warb erfolgreich mit Muhammad Ali. Allerdings schoß er in seiner Begeisterung für den Ausnahmeboxer über das Ziel hinaus und ließ Capri-Sonne auf den Werbeplakaten als »Ali-Drink« anpreisen. Leider verlor der Champion kurze Zeit später einen Boxkampf, also mußte das Unternehmen die gut gemeinte, aber eigenwillige Umbenennung unseres Getränks schnell wieder zurücknehmen.

Eine Besonderheit ist noch erwähnenswert, weil sie für den heimischen Markt speziell von PT. AORTA entwickelt wurde, das sogenannte »Street Vending«. Wie Eisverkäufer am Strand mit ihrem Wagen, so ziehen die Getränkeverkäufer in Indonesien durch die Straßen. Das neu eingeführte Vertriebsmodell für Capri-

Sonne hat zu außergewöhnlichen Umsatzsteigerungen geführt.

Im Juni 1997 startete die Firma Tipco, eine der größten Saftverarbeiter mit Sitz in Bangkok, die Produktion von Capri-Sonne in Thailand.

Schließlich wurde 1999 eine Capri-Sonne-Abfüllanlage nach Taiwan geliefert, nachdem mit einem der bedeutendsten Getränkehersteller des Inselstaates, der Taisun Enterprise Co. Ltd., Lizenzverträge über die Lieferung der Grundstoffe und die Vereinbarungen über die technische Ausstattung abgeschlossen worden waren.

Nachdem der erste Geschäftsabschluß in Saudi-Arabien – in der Pionierzeit der internationalen Vermarktung von Capri-Sonne – Ende der siebziger Jahre buchstäblich im Sande verlaufen war, begaben wir uns anschließend auf Akquisitionstour durch Asien, knüpften zum Beispiel in Hongkong erste Geschäftskontakte und besuchten eben auch Taiwan. Ein bedeutender Lebensmittelproduzent hatte Interesse an Capri-Sonne signalisiert.

Diese Begegnung mit taiwanesischen Interessenten wurde geschäftlich zwar kein Erfolg. Doch wir haben uns tapfer geschlagen, wie Horst Bussien das Ergebnis dieser frühen Erkundungsreise zusammenfaßte. Eine Begegnung, die allen Beteiligten lange in Erinnerung geblieben ist ...

Wir waren stark beeindruckt, als wir durch den Verwaltungstrakt des Konzerns geführt wurden, und fühlten uns in einen James-Bond-Film versetzt: Auf dem Weg zum Präsidenten des Unternehmens gingen überall lautlos die großen Flügeltüren auf, dahinter standen Diener, die sich stumm verneigten.

Am Abend lud uns der Vize zum Abendessen ein, zum Trinken wurden sündhaft teure Cognacs und Whiskeys gereicht. Der Vize schien uns nicht nur mit erlesenen Getränken, sondern auch mit seiner Standfestigkeit im Trinken beeindrucken zu wollen. Wir tranken höflich mit und registrierten sehr bald, daß unser Gastgeber sich gehörig überschätzt hatte. Der Abend endete damit, daß ein stöhnender, mächtig schwankender chinesischer Manager, zu beiden Seiten von uns gestützt, zu seiner Limousine stolperte. Sein verdatterter Chauffeur fuhr ihn nach Hause, während wir uns an der Hotelbar noch ein kleines Bier genehmigten.

Kuriose Erfahrungen in fremden Ländern

Die Blamage ließ der ehrgeizige Vize nicht auf sich sitzen. Schon am nächsten Abend waren wir erneut zu einem köstlichen Abendessen eingeladen. Dieses Mal saßen an der großen Tafel noch etwa fünfzehn junge Führungskräfte des Unternehmens. Und abwechselnd stand einer der Mitarbeiter auf, brachte seinen Toast auf einen von uns persönlich aus und beteuerte, daß es landesübliche Sitte sei, das Glas in einem Zug auszutrinken. Nach dem dritten oder vierten Trinkspruch haben wir durchschaut, daß hier eine Retourkutsche arrangiert werden sollte, indem wir jedes Mal das Glas leeren mußten, von den Gastgebern aber immer nur einer.

Also ersannen wir schnell eine Taktik und starteten die »Gegenoffensive«. Wir begannen Toasts auszusprechen, bei denen sich alle genötigt sahen, das Glas bis zur Neige zu leeren. So wurde an diesem denkwürdigen Abend von der deutsch-taiwanesischen Freundschaft über Taipeh und Heidelberg bis zu den Präsidenten der Länder auf alles Schöne und Feierliche angestoßen, was uns in den Sinn gekommen war. Das fernöstliche Gastmahl endete mit vollem Unentschieden.

Die folgende merkwürdige Begebenheit hätte gut in der eben geschilderten ausgelassenen Atmosphäre stattfinden können, sie hat sich aber während der Akquisition in der afrikanischen Region zu Beginn der achtziger Jahre ereignet. Auf erheiternd skurrile Weise werden einem manchmal die besonderen Tücken sprachlicher Verständigung bewußt, so wie damals in jenem Land im Norden des Kontinents. Aber auch in diesem Fall wollen wir verifizierbare Details über das besuchte Unternehmen höflich verschweigen.

Mit dem Jeep fuhren wir durch die Wüste, um in der Hafenstadt am Mittelmeer dem Interessenten das Capri-Sonne-Konzept vorzuführen. Auf dem Dach war der Filmprojektor festgeschnallt. Wer denkt heute noch daran, daß man vor gerade mal fünfundzwanzig Jahren einen Werbefilm nicht einfach von der Videocassette abspielen konnte, sondern Filmspulen, Vorführgerät und Leinwand benötigte.

Angekommen bei dem beachtlich großen Getränkeabfüller arrangierte Horst Bussien unsere Firmenpräsentation, führte den Werbefilm mit Muhammad Ali vor und hielt in englischer Sprache einen Vortrag vor leitenden Mitarbeitern des Unternehmens. Er erläuterte die technische Seite unseres Konzepts und sprach schließlich über Lizenzverträge und Franchising. Nach seinen Ausführungen wollte er wissen, ob auch alles verstanden wurde, und die Zuhörer nickten eifrig.

Schließlich meldete sich der Präsident der Firma zu Wort. Mister Ingenieur R. beteuerte, daß ihm alles klar geworden sei. Aber eine Frage bezüglich Franchise habe er doch. Er habe zwar nichts gegen die Franzosen, aber er verstehe nicht, warum bei der Produktion für die Kühlung der Getränke nicht irgendein beliebiges Eis, sondern ausgerechnet französisches Eis (French ice) verwendet werden müsse.

Nicht allein mangelndes Sprachvermögen, sondern auch Unterschiede in der Mentalität führten manchmal zu Kuriositäten, wie sie die folgende karibische Zauberei demonstriert.

Mit Trinidad und Martinique verfügten wir schon in der ersten Hälfte der achtziger Jahre über Produktionsstandorte auf den Inseln der Region. Nach Trinidad haben wir zunächst Grundstoffe geliefert, später wurde auch, als Teil eines größeren Betriebs, eine Capri-Sonne-Abfüllanlage aufgestellt.

Die Produktion lief an, Geschäftsführung und unsere Fachleute waren zufrieden, bis eines Abends jemand von uns bemerkte, daß in der Abfüllanlage ein riesiges Rohrstück fehlte. Wie aber hatte die Anlage überhaupt in den vergangenen Tagen funktionieren können, wenn sie doch gar nicht voll funktionstüchtig war? An der Stelle, wo normalerweise das Verbindungsrohr hätte installiert sein müssen, wäre doch der ganze Saft ausgelaufen.

Bei der Inspektion am nächsten Morgen war das Rohr wie von Geisterhand wieder eingebaut, und die Produktion lief tadellos weiter. Am Abend wurde die Anlage mit Dampf steril gefahren und für die Nacht abgeschaltet. Doch es war wie verhext. Kaum daß die ersten Sterne aufleuchteten, war das lange Rohrstück schon wieder verschwunden. Da unser Laborleiter Josef Paffen an karibischen Zauber, zumindest in der Begegnung dieser merkwürdigen Art, nicht recht glauben wollte, ging er der Sache nach.

An anderen Stellen des Betriebs wurde auch nachts gearbeitet. Dort entdeckte er schließlich das Rohr aus der Capri-Sonne-Abfüllanlage, in zweckentfremdeter Benutzung. Treuherzig erklärte ihm der einheimische Mitarbeiter, daß durch die doppelte Nutzung doch kein Schaden entstehe und er dafür garantiere, daß das auf Treu und Glauben geborgte Rohr schließlich jeden Morgen wieder an seinem angestammten Platz installiert werde und damit die gesamte Anlage voll funktionstüchtig sei.

Ob er das Rohrstück auch steril machen würde, bevor er es wieder einbaut, wollte unser Fachmann wissen. Der Mitarbeiter schaute ihn mit großen Augen an. Das Sterilisieren war ihm weder als Wort noch als Vorgang bekannt.

Die ersten Produktionsstandorte außerhalb Europas entstanden fast gleichzeitig auf drei Kontinenten: 1979 in den USA, 1980 in Japan und im afrikanischen Nigeria.

Von den Erlebnissen in Kaduna im Landesinneren habe ich im Abschnitt »Erste Abenteuer unter heißer Sonne« erzählt.

Mit 118 Millionen Einwohnern zählt Nigeria zu einem der herausragenden Absatzmärkte, für den seit 1981 der Lizenznehmer CHI Ltd. in der Hauptstadt Lagos Capri-Sonne produziert. In Zusammenarbeit mit dem neuen Partner wurde ein eigenes Marketingkonzept für das großflächige Land entwickelt. CHI beliefert ein Netzwerk von mehr als 110 lokalen Großhändlern, deren Standort zum Teil weit über 1 000 km von der Hauptstadt entfernt liegt. Ähnlich wie in Indonesien versorgen die Großhändler in Nigeria so genannte »Hawkers«. Diese Straßenhändler erhalten mit Trockeneis gefüllte Tragetaschen, aus denen trotz der tropischen Temperaturen gekühlte Capri-Sonne angeboten wird.

Nigeria nimmt eine bedeutende Position in der weltweiten Vermarktung von Capri-Sonne ein, der Marktanteil liegt lediglich in Deutschland und in den USA höher.

Und erstaunlicherweise auch auf Réunion.

Sogar der weltweit höchste Pro-Kopf-Verbrauch an Capri-Sonne wird auf der tropischen Insel im Indischen Ozean verzeichnet. Dort trinkt umgerechnet jeder Einwohner vom Baby bis zur Großmutter 9,6 Beutel Capri-Sonne im Jahr. Im Vergleich konsumiert jeder Amerikaner 5,9 und jeder Deutsche 5,6 Beutel Capri-Sonne per annum.

Daß die Absatzmenge in den bevölkerungsreichen Ländern den Verbrauch auf der Insel östlich von Madagaskar um Millionen von Kartons übersteigt, versteht sich von selbst. Doch auf Réunion ist Capri-

Miss Guadeloupe mit Capri-Sonne, 1984

Sonne, dort produziert seit 1983, so beliebt, daß das marktführende Erfrischungsgetränk nun auch im Ein-Liter-Trinkpack angeboten wird.

Weitere Produktionsstandorte auf dem afrikanischen Kontinent sind 1989 im Westen, in Guinea, errichtet worden, als jüngstes Land mit eigener Capri-

Sonne-Produktion kam 1997 Südafrika hinzu. Unser Partner dort ist die Firma Ceres, mit der eine umfangreiche und vielseitige Kooperation aufgebaut wird. Der Marktführer unter den Produzenten von Fruchtsäften im südlichen Afrika unterstützt zum Beispiel SOS Kinderdörfer und die Aktivitäten der Deutschen Schule in Kapstadt, Straßenkindern zu helfen. Bekanntlich sind Kinder die Hauptleidtragenden der HIV-Erkrankung, die in jüngster Zeit in Südafrika erschreckende Ausmaße angenommen hat.

Die Vielfalt unterschiedlicher Kulturen und die Erfahrungen bei der Begegnung mit diesen Kulturen unterwegs rund um den Globus können in diesem Buch nur beispielhaft aufgezeigt werden. Sicherlich zu den eindrucksvollsten Erfahrungen in fremden Welten zählt die Begegnung mit den Menschen im fernöstlichen Kaiserreich Japan.

Im Land der aufgehenden Sonne

Geschäftlicher Erfolg und Mißerfolg wechselten sich nach der Einführung von Capri-Sonne auch in Japan ab, bis wir nach unserem ersten Engagement 1980 schließlich neun Jahre später im Kaiserreich dauerhaft Fuß fassen konnten. Doch erlebten wir die Höhenflüge und Tiefen des Erfolgs im fernöstlichen Land ganz anders als irgendwo sonst auf der Welt.

Nippons Geschichte, die mehrere Jahrhunderte dauernde Abschottung gegen Fremde und Fremdes, ist im modernen Japan auf subtile Weise noch immer zu spüren. Die unumgängliche Internationalisierung wird zwar im fernöstlichen Inselreich beschworen, doch die traditionelle Skepsis gegen Unbekanntes straft in Japan auch in der Gegenwart vieles, das von außen kommt, mit Nichtbeachtung.

In ihrem kürzlich erschienenen Buch »Mit Staunen und Zittern« beschreibt die belgische Bestsellerautorin Amélie Nothomb die Erlebnisse einer europäischen Frau in einem großen japanischen Unternehmen. Mit sprudelndem Witz, mit Kenntnisreichtum und Hintersinn schreibt Amélie Nothomb über die deutlich spürbare Dominanz hierarchischer Strukturen und über andere Eigenheiten im japanischen Wirtschaftssystem, die aus unserer europäischen Sicht übertriebene, nahezu absurde Züge annehmen können.

Der Roman verarbeitet autobiographische Erfahrungen der Schriftstellerin. Die in Brüssel lebende Tochter eines belgischen Diplomaten wurde in Japan geboren, nach ihrer Ausbildung in Europa wagte sie das Experiment, ein Jahr lang in einem japanischen Konzern zu arbeiten.

Die Tragikkomik ihrer Erlebnisse, obwohl sie das Land gut kennt und die Sprache bestens beherrscht, beruht meist auf kulturell bedingten Unterschieden, ja auf Unvereinbarkeiten in den Denkweisen. Kleine Unachtsamkeiten oder versehentliche Mißachtung rigider Normen, die uns im Westen wie Lappalien vorkommen, führen im Roman, in jenem fiktiven, aber leicht realisierbaren Unternehmen dazu, daß sich die Protagonistin »schäbiges westliches Verhalten« nachsagen lassen muß und am Gehabe ihrer Kollegen und Vorgesetzen zu zerbrechen droht.

Unsere Erfahrungen in der Zusammenarbeit mit japanischen Firmen waren schlußendlich positiv bzw. in jedem Fall lehrreich. So haben auch wir im fernen Osten lernen müssen, die andersartige Mentalität bei Konsumenten wie Produzenten zu berücksichtigen.

Nicht allein unser Engagement in Japan hat mich und meine Mitarbeiter aber schon früh gelehrt, kulturelle Unterscheide zu achten, ohne jedoch der irrigen Meinung zu verfallen, man könne sich auf die Schnelle tief in andere Kulturen hineindenken. Der Versuch gerät eher zur Anbiederung, und ungeschicktes Nachahmen führt dazu, daß man sich lächerlich und eine Menge Fehler macht.

Vor gut zwanzig Jahren betraten wir mit Capri-Sonne zum ersten Mal den japanischen Markt, und

Capri-Sonne-Werbung in Japan mit bekannten Filmstars

manches »Staunen und Zittern« blieb auch uns nicht erspart. Wir haben im Laufe der Zeit gelernt, Eigenheiten zu akzeptieren, aber auch manch Nachahmenswertes zu übernehmen.

Überaus zufriedenstellend gestaltete sich ab 1980 die Zusammenarbeit mit dem Süßwarenhersteller Ezaki Glico, der zu jener Zeit unter den weltgrößten Lebensmittelherstellungsbetrieben an 17. Stelle stand.

Kennzeichnend für den japanischen Getränkemarkt ist, daß gerade mal fünf Prozent der Neueinführungen sich länger als ein Jahr halten kann. Was von den Konsumenten im fernöstlichen Inselreich nicht binnen kurzer Zeit akzeptiert wird, verschwindet wieder vom Markt.

Die Entwicklung bei Capri-Sonne stand jedoch unter einem guten Stern. Die Firma Glico hat mit großem Aufwand das neue Produkt eingeführt. Die Umsätze stiegen bald nach der Einführung und wiesen dann kontinuierlich steil nach oben. Bis ein unvorhersehbares Ereignis unserem Lizenznehmer und damit auch Capri-Sonne schweren Schaden zufügte.

Nach dem Vertragsabschluß im Herbst 1979 entwickelten sich die Geschäftsbeziehungen wie gesagt zunächst erfolgreich. Nachdem der japanische Ingenieur Shoichi Kurihara bei uns in Deutschland eingestellt worden war, verfügten wir auch über einen ausgezeichneten Dolmetscher. Denn nicht selten mußten wir in anderen Ländern feststellen, daß die Kommunikation in Englisch oder Französisch, die Übersetzung von Fachbegriffen und detailliertem Fachwissen, zu kleineren oder auch größeren Mißverständnissen führte, wenn bei der Partnerfirma niemand eine der gängigen Fremdsprachen annehmbar beherrschte. Mit sprachbedingten Kommunikationsproblemen haben wir in Japan also nicht zu kämpfen gehabt.

Vielmehr versetzten uns Mentalität und Denkweise in Nippon des öfteren in Staunen. Wir mußten lernen,

Im Land der aufgehenden Sonne

daß eines der obersten Gebote in einem japanischen Unternehmen schon damals das Null-Fehler-Prinzip war. Diese Maxime stellt heute bei uns und allgemein in Westeuropa eine Selbstverständlichkeit dar. Seinerzeit löste die Einstellung Bewunderung aus und veranlaßte unseren langjährigen führenden Mitarbeiter und Geschäftsführer Friedrich Stumpf zu der Bemerkung: »Japaner zeichnen sich dadurch aus, daß sie wahrscheinlich als einziges Volk eine Betriebsanleitung von A bis Z lesen und sich zudem auch noch mit äußerster Genauigkeit daran halten.«

Sogar unsere Prüfgeräte für den Falltest mußten wir auf ganz genaue Angaben umstellen. Die Haltbarkeit des Boden- und Seitenmaterials wurde mit einem Verfahren geprüft, bei dem die Versiegelung des Beutels rund 70 Gramm Fallgewicht aushalten mußte. Bei circa 70 Gramm war die Qualität der Verpackung sicher gewährleistet.

Doch ein Wort wie »circa«, »etwa« oder »rund« schienen Japaner nicht zu kennen, auch minimale Abweichungen wurden als Fehler angesehen, das Fallgewicht hatte haargenau 70 Gramm zu betragen.

Belustigend empfanden wir eine andere Begebenheit, die mit den Trinkhalmen zusammenhing. Heute heftet an jedem Trinkpack ein Strohhalm. Damals lag der Zehnerbox Capri-Sonne ein Briefchen mit Strohhalmen bei. Um ganz sicher zu gehen, daß in keiner Box ein Strohhalm fehlt, stellten wir die Verpackungsmaschinen darauf ein, mindestens zehn Trinkhalme pro Briefchen abzupacken. Das bedeutete, daß die Maschine zwar nicht weniger, aber gelegentlich einmal elf oder zwölf Strohhalme in das Tütchen packte. Bis eines Tages ein Mitarbeiter von uns erstaunt feststellte, daß die japanischen Mitarbeiterinnen den Inhalt jedes Briefchens Stück für Stück sorgfältig kontrollierten. Auf unsere Nachfrage wurde uns erklärt, daß auf der Box zehn Trinkhalme angegeben seien, daher

Erfolg mit neuen Vermarktungswegen

müßten alle Päckchen mit mehr als zehn Strohhalmen als fehlerhaft aussortiert werden. Sonst stimme die Angabe auf der Box nicht mehr.

Wir haben die Maschine entsprechend geändert.

Bezüglich der Hygienevorschriften und Qualitätskontrollen waren wir der Ansicht, daß uns niemand etwas vormachen kann. In den meisten Ländern, vor allem im Orient oder in Afrika, gingen die Impulse stets von uns aus. In Japan erlebten wir zum ersten

Mal, daß nicht wir die Verfechter strenger Kontrollen und genauer Vorschriften waren, sondern die Japaner hier die Maßstäbe setzten.

Nach dem Start der Produktion in Japan erläuterte unser Laborleiter Josef Paffen die üblichen Maßnahmen zur Qualitätskontrolle: Pro Stunde sollten zwölf Beutel Capri-Sonne als Proben der laufenden Produktion entnommen und auf ihre Qualität hin untersucht werden. Die japanischen Mitarbeiter berieten einen Tag lang untereinander und waren anschließend einhellig der Meinung, das Intervall von einer Stunde sei nicht ausreichend. Unser Laborleiter war aus jahrelanger Erfahrung anderer Meinung, ließ sich aber auf halbstündige Qualitätskontrollen ein. Die Japaner wiesen jedoch höflich lächelnd darauf hin, daß nach ihrer Ansicht alle zehn Minuten geprüft werden müsse. Das Argument, daß dabei der Produktionsausstoß unnötig reduziert werde, wollten sie nicht gelten lassen. Zuvorkommend, aber bestimmt wiesen sie darauf hin, daß sie bei der Qualitätskontrolle keine Abstriche von ihren Maßgaben akzeptieren würden. Erst nach etlichen praktischen Versuchen und den sehr präzisen Ausführungen unseres Experten gelang es doch noch, unsere Partner zu überzeugen, daß die langjährigen Erfahrungswerte der Qualitätskontrolle bei den »gaijin«, den Menschen aus dem Ausland, auch für japanische Verhältnisse zufriedenstellend seien.

Galten in der Lebensmittelproduktion in Deutschland schon damals strenge Hygienevorschriften, so übertrafen die Maßnahmen in Japan alles, was wir bis dahin gekannt hatten. Mit dem in der Regel üblichen weißen Kittel und der Kopfbedeckung war es bei weitem nicht getan. Ob einfacher Mitarbeiter oder Generaldirektor, alle mußten sich vor Betreten der Produktionshalle vollständig umkleiden. In frischgewaschener Arbeitskleidung und mit weißer Kopfhaube hatte man schließlich eine Schleuse zu passieren, wo man von Kopf bis Fuß abgesaugt wurde, damit nicht das kleinste Härchen eine Chance hatte, an die Nähe der Produkte zu gelangen. Wie das Phantom der Oper, erzählen noch heute meine Mitarbeiter, seien sie damals durch die Produktionshallen gewandelt.

Ich war gleich nach meiner ersten Reise sehr beeindruckt, wie sauber in der japanischen Produktion gearbeitet wurde, und regte zu Hause an, von der vorbildlichen Sauberkeit in japanischen Unternehmen zu lernen, sich daran zu orientieren. Dank Shoichi Kurihara schafften wir die schnelle und konsequente Umsetzung, lange bevor solche Maßgaben in deutschen Unternehmen gang und gäbe waren.

Gerade wegen der hohen Bedeutung von Qualität und Lebensmittelsicherheit mußte der Vorfall, daß unser Partnerunternehmen in Japan erpreßt wurde, betriebsintern wie öffentlich besonders schwer wiegen. Pralinen des Süßwarenherstellers wurden in Geschäften mit Gift geimpft. Im Nu verschwanden alle Artikel der Firma aus den Regalen, damit aber auch das Lizenzprodukt Capri-Sonne. Vergeblich versuchten wir der Öffentlichkeit klarzumachen, daß ein Trinkpack, wenn er mit einer Giftspritze angestochen werde, sogleich auslaufe und somit gar nicht unbemerkt zu verunreinigen sei. Der Makel lastete auf allen Produkten, und wir mußten unsere gesamte Konzeption in Japan ändern, um diesen Rückschlag wieder wettzumachen.

Mit dem Lizenznehmer Takara starteten wir 1989 erneut. Allerdings akzeptieren die skeptischen Verbraucher den Beutel als Verpackung nach wie vor nicht. So wird unser Getränk im Land der aufgehenden Sonne seither zwar wieder erfolgreich, aber nur in Flaschen vermarktet.

Der Schock des Giftskandals blieb nicht die einzige Herausforderung, der wir uns in Japan stellen mußten. Alles oder nichts, hieß die Devise, als wir feststellen mußten, daß die japanische Unternehmensgruppe

Mitsubishi eine Beutelabfüllmaschine auf den Markt bringen wollte.

Die unserem Produkt sehr ähnliche Maschine wurde bereits auf einer Messe in New York präsentiert, während ich mich zufällig zur gleichen Zeit in Japan aufhielt. Eine hektische Kommunikation setzte zwischen den Kontinenten ein. Per Fax wurde mir aus New York bestätigt, daß die Entwicklung von Mitsubishi eine Verletzung unseres Patentes darstellte. Daraufhin habe ich die Patentanwälte in den USA eingeschaltet, denn wir waren seit Ende der siebziger Jahre mit eigenen Maschinen auf dem amerikanischen Markt.

Mit unserem Ingenieur Kurihara fuhr ich zum japanischen Konkurrenten. Auf dem Weg dorthin reihte sich Firmengebäude an Firmengebäude. Welches denn Mitsubishi sei, fragte ich meinen Begleiter. Shoichi Kurihara lächelte verhalten und machte eine weit ausholende Bewegung. Das alles, so weit das Auge reichte, war Mitsubishi.

Nun, das Meeting war vereinbart, und so marschierte David zu Goliath, um es der Geschäftsführung mitzuteilen, daß wir sofort eine Patentklage einreichen würden, wenn Mitsubishi die Maschine nicht vom Markt nähme. Vermutlich haben die Herren in Nippon das Auftauchen eines Firmeninhabers aus dem fernen, kleinen Heidelberg nicht sonderlich bedrohlich empfunden, vielmehr wollten sie sich auf keinen Patentverletzungsprozeß in den USA einlassen. Tatsache ist, daß ihre Maschine noch am gleichen Tag in New York abgedeckt und auf der Messe nicht mehr präsentiert wurde. Wäre aber Mitsubishi in das Maschinengeschäft in Amerika eingestiegen, hätten wahrscheinlich schon sehr bald diverse andere Firmen in den USA mit der Beutelproduktion begonnen. Das wäre das Aus unserer Exklusivität und damit wohl auch das Ende der gerade aufblühenden Capri-Sonne-Produktion in den Vereinigten Staaten gewesen.

Go west – die Überraschung in der Neuen Welt

Mit Produktionsstandorten in achtzehn Ländern und mit den Exporten aus diesen beliefern die Deutschen SiSi-Werke zusammen mit unseren Lizenzpartnern die Länder in ganz Europa sowie weite Teile Asiens: Von Lissabon bis Vladivostok, vom kühlen Norden des japanischen Inselreichs bis zu den tropischen Stränden von Surabaya in Indonesien. Capri-Sonne wird im Nahen Osten und Vorderasien ebenso konsumiert wie am Kap der Guten Hoffnung, östlich von Madagaskar wie in den westlichen Regionen des afrikanischen Erdteils.

In jedem Land hat der Start der Produktion eine neue Herausforderung dargestellt, jedes Mal haben wir nützliche Erfahrungen gesammelt und manch Ungewöhnliches erlebt. Mit ungeteilter Aufmerksamkeit und gleichbleibendem Engagement arbeiten wir mit unseren Partnern auf verschiedenen Erdteilen zusammen und legen großen Wert auf eine individuelle Marktbearbeitung.

Doch unser Engagement in Amerika war von außerordentlicher Bedeutung. Die ersten Schritte, in den Vereinigten Staaten von Amerika Fuß zu fassen, bedeuteten für uns eine entscheidende Weichenstellung.

Sehr früh, wenige Jahre nach der Entwicklung und dem Produktionsstart von Capri-Sonne in Deutschland, visierte ich das Ziel an, unser Markengetränk nicht nur in Europa, sondern auch in Amerika erfolgreich zu verkaufen. Und gerade mal drei Jahre nach Beginn der Vermarktung von Capri-Sonne außerhalb Deutschlands betraten wir mit unserem Produkt 1979 den US-Markt.

Der Anfang der Produktion in Amerika bedurfte langer Vorarbeit, und ich wußte sehr genau, wieviel von einem gelungenen Engagement jenseits des Großen Teiches abhing, nämlich so gut wie alles.

Der nordamerikanische Markt bedeutete in zweierlei Hinsicht eine immense Herausforderung. Einerseits war es für die erfolgreiche weltweite Vermarktung von Capri-Sonne unerläßlich, daß unser Erfrischungsgetränk in den USA vertreten war, dort produziert wurde und großes Ansehen genoß. Andererseits gab es bis dato keine Erfrischungsgetränke aus Europa, die den Durchbruch auf dem amerikanischen Markt geschafft hatten. Üblich war nur der umgekehrte Weg. Die amerikanische Getränkeindustrie expandierte in Europa und auf anderen Kontinenten.

Der nordamerikanische Markt bedeutete eine immense Herausforderung

Da wir das Konzept verfolgen, daß wir nur mit einem Lizenznehmer pro Land einen Vertrag abschließen, war in diesem Fall die Entscheidung ungeheuer wichtig. Welchen Partner gewinnt man, wenn es darum geht, auf dem Territorium der bedeutendsten Wirtschafts- und Handelsmacht der Erde Geschäfte zu machen?

Ich entschied mich für den Getränkehersteller Shasta Beverages, unter anderem, weil dessen Produktpalette am besten zu Capri-Sonne paßte. Zudem arbeitete Shasta im Bereich der Erfrischungsgetränke nicht nach dem Franchise-System, er hatte eine eigene nationale Distribution. Und das Unternehmen bzw. der Mutterkonzern Consolidated Food, heute Sarah Lee Corporation, schien bereit zu sein, auf meine Bedingungen bezüglich der Anschaffung von unseren Abfüllmaschinen einzugehen.

Es war wie ein Pokerspiel, und ich kann mich genau daran erinnern, daß ich am Tag vor dem Abflug zu den entscheidenden Verhandlungen mit meinem Vater zu Hause beim Mittagessen saß und mit ihm die Alternativen besprach. An dem neuen Getränk mit dem für die USA damals ganz ungewöhnlichen Attribut »*all natural*« waren die Amerikaner außerordentlich interessiert, das hatten wir in den Vorgesprächen schon erreicht. Es war auch entschieden, daß das Getränk in den USA »Capri-Sun« heißen würde. Ich wollte jedoch mehr erreichen und die gesamte Capri-Sonne-Konzeption in die Lizenzverhandlungen einbringen. Wir würden auf dem US-Markt erst erfolgreich agieren, wenn es uns gelänge, nicht nur Getränkegrundstoffe, sondern auch die neuartige Verpackung und die Maschinen für die Abfüllung der Beutel zu verkaufen.

Ob der Verhandlungspartner auf diesen Deal eingehen würde?

Mein Vater bestärkte mich: »Du mußt es probieren, wag' es. In diesem Fall geht es wirklich um alles oder nichts.«

Gute Karten hatten wir eigentlich schon im Vorfeld. »Diese Deutschen sind immer bestens organisiert« – der Ruf eilte uns voraus. Solch positives Ansehen erwarben wir uns schon bei unserem ersten Besuch des künftigen Partners.

Wie es in jenen Jahren der beginnenden weltweiten Akquisition oft der Fall war, reisten Horst Bussien und ich gemeinsam. Wüstentouren, Abenteuerliches in den Tropen oder Kurioses im Fernen Osten standen meist ungeplant auf unserem Programm, wir freuten uns nun auf die Neue Welt.

Nach der Landung in Los Angeles checkten wir todmüde in einem nahegelegenen Hotel ein. Es war ein sonniger Samstag, doch für uns durch den Zeitunterschied bereits längst nach Mitternacht. Zur Sicherheit erkundigte ich mich an der Rezeption, wie weit es vom Hotel nach Hayword sei. Der Concierge sah mich erstaunt an. Er kenne keinen Ort namens Hayword in der Nähe. Ich zeigte ihm die Unterlagen: Shasta Beverages, Hayword / California.

Darauf nickte der Portier und gab mir freundlich die Auskunft, Hayword liege bei San Francisco, etwa fünfhundert Meilen von hier.

Es wäre müßig gewesen, wegen der Panne bei der Wahl des Zielflughafens eine Standpauke zu halten. Lapidar erläuterte ich meinem zerknirschten Weggefährten, daß wir aufs Ausschlafen und auf anschließendes Sightseeing vor Ort verzichten müßten, da wir ab sofort eine längere Tour mit einem Mietwagen auf dem berühmten Highway Number One vor uns hätten.

Horst Bussien und ich waren ja ein eingespieltes Team und nutzten die unerwartete neue Situation auf unsere Weise, indem wir unterwegs den kalifornischen Getränkemarkt erkundeten.

Als wir am Montag pünktlich zum vereinbarten Meeting bei Shasta in Hayword eintrafen, waren wir zum großen Erstaunen unserer Gastgeber bestens darüber informiert, welche Getränkesorten mit welchem Marketingkonzept in den großen Supermarktketten Kaliforniens angeboten wurden bzw. wie und wo Shasta distribuiert war, und haben damit einen unheimlich professionellen Eindruck gemacht.

Die besagte entscheidende Verhandlung wegen der Capri-Sonne-Abfüllmaschinen habe ich bei einem nächsten US-Aufenthalt erfolgreich abgeschlossen, und es verging danach gerade mal ein gutes Jahr, da konnte unsere gesamte Belegschaft zu Hause über den »größten Auftrag aller Zeiten« jubeln. Nur zur Erinnerung: Wir bewegten uns fast noch in der Pionierphase unseres Maschinenbauprogramms, der von uns entwickelte Prototyp war 1972 fertiggestellt worden. Den ersten Auftrag aus den USA brachte ich 1978 heim.

Eberhard Kraft arbeitete in jenem Jahr mit einem Team von lediglich zwei, später dann drei Fachkräften, die ersten Maschinen wurden noch in Nebenräumen der Capri-Sonne-Produktion gebaut. Durch den Auftrag aus Übersee verlief die Entwicklung im Maschinenbausektor nun wesentlich schneller als geplant. Zur Herausforderung wurde der Auftrag aus den USA für INDAG allerdings auch aus einem anderen Grund.

Verladung von Füllmaschinen und Grundstoffen in die USA Anfang 1979

Wir mußten uns nicht nur mit fremden Geräten und Spannungen (480 Volt und 60 Hertz) vertraut machen, unsere Maschinen hatten unter völlig anderen Bedingungen zu funktionieren. Damals wurde bei uns noch kalt abgefüllt, für die USA kamen aber ausschließlich Heißfüllmaschinen in Frage.

Bis Ende 1978 war auch dieses Problem gemeistert, wir konnten unserem Auftraggeber unsere erste Heißfüllmaschine in Heidelberg vorführen. Leider nicht zur vollen Zufriedenheit des Geschäftspartners. Arbeitsintensive Tage und Nächte standen uns mal wieder bevor. Aber sechs Wochen später – Teile mußten umgebaut, andere ganz neu konstruiert werden – war die Maschine fertiggestellt, und sie wurde in dieser Konstruktion von den Amerikanern voll akzeptiert.

Das 1978 neu entwickelte Konzept ist für Capri-Sonne-Abfüllanlagen bis heute weitestgehend gültig.

Anfang 1979 wurde die erste Abfüllmaschine in die USA verschickt und in Columbus (Ohio) mit der Produktion von Capri-Sonne für den amerikanischen Markt begonnen. Noch im selben Jahr sind weitere Maschinen an Shasta geliefert worden.

Anfang 1980 besuchte mich der Präsident des damaligen Mutterkonzerns von Shasta, Consolidated Food, in Heidelberg. Nach einer sechsstündigen Konferenz und den dabei getroffenen Vereinbarungen konnte ich endgültig sicher sein, für die Verhältnisse seinerzeit genau die richtige Entscheidung bei der Wahl des amerikanischen Partners getroffen zu haben. So wurde bis 1984 das Werk in Columbus mit insgesamt sechs Maschinen ausgestattet, es kamen aber im selben Zeitraum sukzessive noch andere Produktionsstandorte hinzu: Hayword in Kalifornien, Granite City bei St. Louis in Illinois und 1984 schließlich die vierte Fabrik in Hinesville in Georgia.

Columbus war Zielort der ersten Abfüllanlage für den amerikanischen Markt

Am 18. März 1979 fiel nicht nur der Startschuß für die Produktion in Amerika. Es war auch das erste Mal, daß eine von uns entwickelte Abfüllmaschine außerhalb Heidelbergs Capri-Sonne produzierte. Vier Wochen später begannen wir in Korea mit der Produktion, im Jahr darauf in Japan und in Afrika – es waren wahrlich stürmische Zeiten und Jahre.

Der Absatz in Amerika schnellte sprunghaft in die Höhe, und 1981 hatte sich Capri-Sonne als erste deutsche Softdrink-Marke auf dem amerikanischen Markt durchgesetzt. Die Jahresproduktion lag bei fast elf Millionen Kartons. Die rasante Entwicklung machte notwendig, daß Shasta ab 1981 die Beutel nicht mehr aus Deutschland bezog. Mit den von uns gelieferten Beutelfertigungsmaschinen konnte die komplette Produktion in den Staaten stattfinden.

Zwei Jahre später wurde der Capri-Sonne-Trinkpack in den USA zur »Verpackung des Jahres« gewählt und als erfolgreichste Neueinführung mit der Goldmedaille ausgezeichnet.

Die großartigen Anfangserfolge in den USA waren eine entscheidende Schubkraft auf dem Weg, der zur Weltmarke führte und Capri-Sonne zu den bekanntesten und am meisten verbreiteten Erfrischungsgetränken weltweit werden ließen. Doch auch im Land der unbegrenzten Möglichkeiten sollten wir noch Lehrgeld zahlen.

Viele meiner Mitarbeiter sind im Laufe der Jahre nach Amerika geflogen, haben dort bei der Einrichtung neuer Produktionsstätten Erfahrungen gesammelt. Da Shasta selbst bereits ein erfahrener Getränkeproduzent war, gab es bezüglich Hygiene und Qualität, womit wir in manchen anderen Ländern zu kämpfen hatten, in Amerika keine Probleme. Im Gegenteil, auf vielen Gebieten waren wir die Lernenden und verdanken praktisch dem US-Engagement ein Stück Weiterentwicklung unseres Abfüllsystems.

Kopfzerbrechen bereiteten meinen Mitarbeitern anfangs die unterschiedlichen Maßeinheiten, und man mußte höllisch aufpassen, ob die Temperaturangabe Celsius oder Fahrenheit lautete, ob Mengeneinheiten als Gallone oder Liter, Gewichtsangaben in Pound oder Kilo zu verstehen waren. Bekanntlich zerschellte noch in jüngster Zeit eine Sonde auf dem Mars, nur weil Wissenschaftler dies- und jenseits des Atlantiks bei der Berechnung der Flugbahn die unterschiedlichen Maßeinheiten bei der Gewichtsangabe miteinander verwechselt hatten.

In Sachen *way of life* machten wir natürlich auch in Amerika ungewöhnliche Erfahrungen. So mußten zwei unserer Mitarbeiter bei ihrer ersten USA-Reise irritiert zur Kenntnis nehmen, daß sie fast wie Landstreicher behandelt wurden. Ohne vorher Zimmer reserviert zu haben, betraten sie ein recht nobles Hotel und verlangten nach zwei Einzelzimmern. Freundlichste Bedienung, alles schien unproblematisch zu sein, bis die Gäste um eine Kreditkarte gebeten wurden.

»Kreditkarte? Haben wir nicht. Wir zahlen cash.«

»Sorry, aber dann bitte sofort.«

Meine Mitarbeiter waren über die vermeintliche Unverschämtheit empört. Sie seien schließlich ordentliche Geschäftsleute und gewohnt, die Rechnung erst am nächsten Morgen zu begleichen. Alles Reden half nicht, die Rechnung mußte im voraus bezahlt werden.

Als sie mir in Heidelberg von dem Vorfall erzählten, mußte ich laut auflachen: »Wie könnt Ihr bloß in Amerika ohne Kreditkarte im Hilton absteigen?!«

Staunen löste auch manches Gespräch mit amerikanischen Arbeitskollegen aus. Da sollte zum Beispiel ein Mitarbeiter an der neuen Abfüllanlage eingelernt werden. Oh, die Sache betreffe ihn eigentlich nicht mehr. In wenigen Wochen gehe er zu einem Wettbewerber, er habe dort einen interessanteren Job in Aussicht. »Wie können Sie nach so vielen Jahren und gerade jetzt, wo ein neues Projekt startet, eine gut dotierte Stelle, ein prima Team hier einfach verlassen und in eine andere Stadt ziehen?« »Ich bin ein freier Amerikaner und gehe, wann es mir paßt und wohin es mir paßt.«

Mit dieser Einstellung konnte damals ein qualifizierter Mitarbeiter aus Deutschland wenig anfangen. Denn er ging selbstverständlich davon aus – jedenfalls vor zwei Jahrzehnten –, bis zu seiner Rente im selben Betrieb beschäftigt zu sein.

Shasta Beverages war in Amerika lange Jahre Marktführer bei diätischen Erfrischungsgetränken. Capri-Sonne hat als Sortimentserweiterung sehr gut in das Programm gepaßt, die Kooperation funktionierte jahrelang bestens. Das Aufkommen eines neuartigen Süßstoffs veränderte die gesamte Marktsituation al-

Capri-Sonne Relaunch 1986 in den USA

lerdings dramatisch. Auch für Capri-Sonne entstand eine neue Situation. Die zweite amerikanische *challenge* stand uns bevor.

Shasta verlor zuviel Terrain an die bekanntesten großen Limonadenhersteller, die nun Getränkesorten mit dem neuen Süßstoff »Aspartam« produzierten und den Markt für ungezuckerte Erfrischungsgetränke weitgehend dominierten. In dieser schwierigen Situation verkaufte der Mutterkonzern Shasta an ein anderes Unternehmen. Die Capri-Sonne-Lizenz wurde ohne unsere Zustimmung, das heißt vertragswidrig, mitverkauft. Die Folgezeit war nicht nur von rechtlichen Auseinandersetzungen überschattet. Unter der neuen Leitung wurden bei der Herstellung und Vermarktung von Capri-Sonne auch gravierende Änderungen eingeführt, mit denen ich nicht einverstanden war.

Ich entschloß mich 1986, die Lizenz zurückzukaufen und Capri-Sonne in eigener Regie weiter zu produzieren sowie zu vermarkten. Ohne Back-up in den USA wurde es ein überaus schwieriger Neustart. Denn von der Verwaltung bis zur Fabrikation – alles mußte ich neu aufbauen.

Mit lediglich fünf ehemaligen Shasta-Mitarbeitern begann unser zweites amerikanisches Engagement. Ich benötigte dringend weitere Mitarbeiter für die neue Capri-Sun-Firma, die sozusagen aus dem Stand bei 40 Millionen Dollar Jahresumsatz landete. Dabei verfügten wir zunächst nicht einmal über ein ordentliches Büro, besaßen keinen Computer, von einer auch nur halbwegs zufriedenstellenden Buchhaltung ganz zu schweigen.

Es folgten sehr harte Zeiten, die ersten anderthalb Jahre führte ich als Präsident die Firma und verbrachte jeden Monat zwei Wochen in den USA, bis ich einen Präsidenten einstellen konnte, der die Geschäfte vor Ort führte, so daß ich meine regelmäßige Präsenz allmählich reduzieren konnte. In vier Jahren haben wir

Ein deutsches Erfrischungsgetränk erobert den US-Markt

den Umsatz verdreifacht, und ich habe erneut viel dazugelernt, wie man ein Produkt in Amerika vermarktet.

1991 habe ich das Business an Kraft General Food verkauft, da unser vorrangiges Ziel nach wie vor das Lizenzgeschäft, die Lieferung von Rohstoffen und Maschinen war. In Kooperation mit dem großen internationalen Konzern und professionellen Vermarkter errang Capri-Sonne 1994 auch in der Neuen Welt die Marktführerschaft bei flexibel verpackten fruchthaltigen Getränken. Ein Vierteljahrhundert nach dem Produktionsstart in Heidelberg war somit der umgekehrte Weg geschafft und die Überraschung perfekt: Ein Erfrischungsgetränk aus Deutschland hatte den amerikanischen Markt erobert und ist bis zum heutigen Tag dort Marktführer.

Quintessenz und Firmenphilosophie

Mein Vater Rudolf Wild hat 1931 in Heidelberg mit der Produktion von Tafelwasser begonnen. Aus einer kleinen Produktionsstätte ist ein Unternehmen entwachsen, das auf verschiedenen Geschäftsfeldern weltweit tätig ist.

Der Unternehmensgründer Rudolf Wild war, obwohl studierter Chemiker, von Anfang an davon überzeugt, daß bei der Herstellung und Konservierung von Lebensmitteln nur natürliche Rohstoffe ohne chemische Zusätze verwendet werden sollten.

Dieser Maxime sind wir als Lebensmittelhersteller bis heute verpflichtet. Mit Capri-Sonne und dem dazu gehörigen Maschinenbauprogramm haben wir internationales Renommee erworben.

Kontinuierliche Forschung in unseren Labors und stetige Innovationen auf technologischem Gebiet haben auch dafür gesorgt, daß unser Getränk überall auf der Welt mit dem Prädikat »*all natural*« aufwarten kann.

Manche Entwicklungen in der Nahrungsmittelproduktion zeigen in jüngster Zeit drastisch, welche Risiken den Konsumenten wie auch den Produzenten drohen, wenn in der Lebensmittelindustrie Qualität auf Kosten von Quantität vernachlässigt wird, wenn natürliche Gebote der Hygiene und Sicherheit bei der Herstellung von Lebensmitteln mißachtet werden.

Einen wesentlichen Teil unserer Erfolgsgeschichte, nicht zuletzt in den USA, verdanken wir der Tatsache, daß wir trotz stürmischen Wachstums konsequent an dem von uns präferierten Reinheitsgebot festgehalten haben.

Vor über 25 Jahren begann ich, die Verantwortung für die RUDOLF-WILD-Werke zu übernehmen. In dieser verhältnismäßig kurzen Zeitspanne ist aus Capri-

Sonne eine Weltmarke geworden. Ausgangspunkt des Erfolges war eine zündende Idee. Es bedurfte auf dem Weg zum Ziel des tatkräftigen Engagements von erfahrenen Weggefährten und Führungskräften sowie von hochmotivierten Mitarbeitern. Wenn es gelingt, die Faszination von neuen Ideen und die Überzeugung, daß sie realisierbar sind, auf die Mitarbeiter zu übertragen, und wenn ein Unternehmer seine Mitarbeiter dadurch motiviert, an einem Strang zu ziehen, werden hochgesteckte Ziele leichter erreichbar. Die Geschichte von Capri-Sonne ist dafür ein praktischer Beweis.

Geschäftlicher Erfolg basiert in der Regel nicht allein auf problemlosen wirtschaftlichen Entwicklungen. Man darf sich auf dem Weg zum gesteckten Ziel durch zeitweilige Niederlagen nicht beirren und entmutigen lassen. Den Zeitpunkt für neue Weichenstellungen gilt es rechtzeitig zu erkennen, und man muß auf dem Weg zum Erfolg etliche Herausforderungen und Rückschläge in Kauf nehmen. Die traditionelle Einstellung bei WILD, und auch mein Motto, lautet: Unsere Herausforderung ist, jeden Tag besser zu werden.

In diesem Buch habe ich die wichtigsten Schlüsselerlebnisse erwähnt, beginnend in unserer Pionierzeit bis hin zu den Erfahrungen auf den internationalen Märkten, nicht zuletzt in Japan und in den USA. An manchen dieser Wendepunkte stand die Überlegung an, ob wir es schaffen, ob es sich lohnt, das Geschäft mit Capri-Sonne fortzuführen. Nüchterne Analyse wirtschaftlicher Daten ist dabei die eine – wichtige – Seite der Medaille. Der Glaube an die Machbarkeit einer Sache, die Überzeugung und die Faszination, daß Herausforderungen zu meistern seien, diese *can-do-attitude* gehört aber ebenso zum Business.

Die weltweiten Akquisitionen und der Einsatz unserer Fachkräfte im Ausland haben viel neues Wissen nach Heidelberg gebracht.

Begeistertes Engagement sollte jedoch nicht mit sturer, blinder Hemdsärmeligkeit verwechselt werden. Permanentes Lernen, auch das *learning by doing*, haben unseren geschäftlichen Erfolg begleitet und bestimmt.

Eigenes unermüdliches Forschen und Weiterentwickeln, gepaart mit der intensiven Berücksichtigung von Erfahrungen aus anderen Ländern und fremder Kulturen, bilden einen Erfahrungsschatz, der in die Zukunft weist.

Wir haben uns bei der Entwicklung natürlicher Inhaltsstoffe den Entdeckerdrang bewahrt, und die Faszination des Geschmacks steht nach wie vor im Mittelpunkt unserer Philosophie. Die Komponenten und Eigenschaften des natürlichen Geschmacks erforschen wir heute weltweit mit modernsten Technologien.

Wir haben viel Lehrgeld zahlen müssen, in der Pionierzeit der Entwicklung von Capri-Sonne ebenso wie in späteren Jahren auf dem deutschen und dem internationalen Markt. Es ist uns aber gelungen, als Newcomer eine Konzeption zu entwickeln, die mit anderen Verpackungsvarianten bei der Getränkeherstellung konkurrieren konnte. Und daß wir uns trotz anfänglicher Hindernisse dem internationalen Wettbewerb gestellt haben und bereit waren, aus Fehlern zu lernen, hat dazu beigetragen, eine Weltmarke aufbauen zu können.

Zu den wichtigen Erfahrungen gehört die Begegnung mit fremden Kulturen. Die Achtung und Beachtung kultureller Unterschiede hat uns den Zugang zu fremden Märkten erleichtert. Lernen und die Weitergabe von Wissen bedingen einander.

Seit rund 40 Jahren veranstalten wir in unserem Hause die internationalen Heidelberger Fachseminare. Jährlich nehmen über 500 Kunden aus der Nahrungsmittelbranche in aller Welt an diesen Veranstaltungen teil. Wir informieren über Marktdaten und weltweite Trends, über technologische und mikrobiologische Entwicklungen und lebensmittelrechtliche Fragen. Unsere Kunden und Lizenznehmer profitieren von unseren weltweiten Aktivitäten, von unserem *Flavor*-Know-how, von unserem Wissen um Qualität im Bereich der Lebensmitteltechnologie und dem Maschinenbau.

Mein Motto, daß wir jeden Tag besser werden müssen, beinhaltet die Notwendigkeit lebenslangen Lernens. Diese permanente Aufgabenstellung ist im Zeitalter der Globalisierung als interkulturelles Lernen zu begreifen. Hilmar Hoffmann, Präsident des Goethe-Instituts und Verfasser des Buches »Deutsch global«, schreibt in einem Aufsatz über die Bildung heute: »Interkulturelles Lernen vermittelt Sprachkompetenz als Teil einer umfassenden Qualifikation. Die Kompetenz zum Kulturwechsel wird dabei mehr und mehr zu einer Schlüsselqualifikation für die Zukunft.«

Gefragt ist in Zukunft also nicht nur ausreichende Sprachkompetenz, sondern eine umfassende Qualifikation, die auf dem interkulturellen Erfahrungsaustausch beruht. Begegnung und Austausch setzen Toleranz voraus, bedürfen der behutsamen Berücksichtigung ethnischer Unterschiede.

Andere Länder, andere Sitten. Die Wahrung der eigenen Identität sollte so selbstverständlich sein wie das ständige Bemühen um *flexible approach* der Kulturen. Multikulturelle Entwicklung mittels internationaler Informationsvernetzung wird die künftige Welt bestimmen.

Die Ökonomie muß sich ökologischen Fragen intensiver als jemals zuvor stellen. Die Verbindung von hervorragender Qualität und Umweltbewußtsein in der Produktion haben in unserem Unternehmen eine lange Tradition. Die besondere und aktive Beachtung des Umweltschutzes ist ein wesentlicher Faktor unserer Firmenphilosophie. Da wir überwiegend nachwachsende Rohstoffe wie Samen, Früchte, Blätter und andere Pflanzenteile verarbeiten, ergibt sich allein daraus schon die Verantwortung für Natur und Umwelt.

Eine Anmerkung an dieser Stelle zur Capri-Sonne-Verpackung: Unter den fruchthaltigen Getränken hat Capri-Sonne mit knapp 22 Gramm das geringste Verpackungsgewicht pro Liter Getränk. Mehrere Untersuchungen von neutralen Instituten belegen, daß der Trinkpack eine Ökobilanz aufweist, die mit anderen Verpakkungsformen, auch Mehrweggebinden, vergleichbar und anderen Einwegverpackungen überlegen ist.

Wir waren in Deutschland eines der ersten Unternehmen der Lebensmittelbranche, das sich nach ISO 9001 zertifizieren ließ. Vier Jahre später, 1996, gehörten wir zu den Pionierunternehmen, die ihr integriertes Managementsystem nach ISO 14001 und EMAS (Öko-Audit-Verordnung) zertifizieren und validieren ließen.

Neue Generation Capri-Sonne Big Pouch, 0,33 Liter, produziert auf neuer Maschinengeneration

Globales Werbekonzept Capri-Sonne Super Cool

Die wesentlichen Aspekte praktizierten Umweltschutzes sind in unserer »Umwelterklärung 1999« aufgeführt. Diese Dokumentation unserer Maßnahmen zum Umweltschutz umfaßt knapp dreißig Seiten. Die Umwelterklärung wird alle drei Jahre aktualisiert.

Der umweltschonende und integrierte Anbau von Früchten ist dabei ebenso Bestandteil unseres Umweltschutzprogramms wie der Einsatz modernster, rohstoffschonender Technologien. Die Hochleistungsfüll- und Verpackungssysteme bei der Herstellung von Capri-Sonne arbeiten ebenfalls nach diesem Prinzip.

Das Erreichen von Etappenzielen, die Erfolge auf dem Weg, rechtfertigen ein positives Zwischenresümee. Sie sind jedoch kein Grund, selbstzufrieden zu sein. Ein Unternehmen, das beginnt, sich im Erfolg zu sonnen, hat aufgehört, innovativ zu sein, Neues zu unternehmen. Wachstum, qualitatives Wachstum, ist aber unbegrenzt, weil die Zukunft stets neue Herausforderungen stellt.

Konsumenten werden neue Gewohnheiten entwickeln. Das Bevölkerungswachstum und der Umweltschutz werden die Lebensmitteltechnologie vor neue Aufgaben stellen. Die ausreichende Versorgung mit sauberem Trinkwasser, die gesunde Ernährung oder die Produktion von Nahrungsmitteln, die gesund halten und Krankheiten vorbeugen – alle diese und noch ungeahnte Fragen verlangen nach Lösungen. *Can do unlimited.*

Viel zu häufig wird heute noch zwischen Wirtschaftlichkeit einerseits und natürlichen und kulturellen Bedingungen andererseits unterschieden. Ökonomie, Natur und Kultur sind jedoch untrennbar miteinander verbunden. Deshalb sollten ökonomische, ökologische und kulturelle Strukturen als produktive Einheit, als Konditionen sine qua non einer Qualität im beginnenden neuen Jahrtausend begriffen werden.

Erfolg wird dadurch definiert, wie man persönlich den Parameter des Erfolges festlegt. Es gibt jedoch keine definierte Grenze des Weiterlernens und fortwährenden Wachsens im Sinne innovativer Weiterentwicklung. Das heute Erreichte genügt nicht, um die Aufgaben der Zukunft zu meistern. Wir bleiben Pioniere und Entdecker, stehen trotz des Erfolges stets am Anfang des Weges zu faszinierenden neuen Abenteuern.

Capri-Sonne
Eine chronologische Übersicht

Die Chronologie führt die wesentlichen Daten auf und weist auf Kapitel hin, die das Thema detailliert behandeln.

1931
Der Chemiker Rudolf Wild gründet in Heidelberg eine kleine Firma, in der er zunächst ohne Mitarbeiter Tafelwasser produziert. Seine Firmenphilosophie: Nur natürliche Rohstoffe, keine Chemie in Lebensmitteln.
→ *Kapitel: WILD weltweit*

1937
Nach Ausweitung der Geschäftstätigkeit wird in Eppelheim vor den Toren Heidelbergs mit dem Aufbau der RUDOLF-WILD-Betriebe begonnen.
→ *Kapitel: WILD weltweit*

1951
Das Fruchtsaftgetränk »Libella« als erstes Fruchtsaftgetränk auf natürlicher Basis aus dem Hause WILD kommt auf den Markt.
→ *Kapitel: Eine Idee wird geboren*

1956
Die RUDOLF-WILD-Betriebe erwerben die Deutschen SiSi-Werke, bei denen 1952 das Warenzeichen »Capri-Sonne« eingetragen wurde.
→ *Kapitel: WILD weltweit*

1963
Der Firmensitz der Deutschen SiSi-Werke wird nach Eppelheim bei Heidelberg verlegt.
INDAG, Gesellschaft für Industriebedarf, wird von

Rudolf Wild als Maschinen- und Anlagenbau in Hamburg gegründet.
→ *Kapitel: WILD weltweit*

1966
Die Idee für das Capri-Sonne-Konzept entsteht.
Der Firmensitz von INDAG wird nach Eppelheim verlegt.
→ *Kapitel: Eine Idee wird geboren / Pionierzeit / Auf dem Weg zur modernsten Technik*

1967
Entwicklung des Capri-Sonne-Konzepts in Zusammenarbeit mit der Firma Kalle, die das Material für die neuartige Verpackung liefert, und dem Maschinenlieferanten Thimonnier.
→ *Kapitel: Pionierzeit / Auf dem Weg zur modernsten Technik*

1969
Einführung von Capri-Sonne auf dem deutschen Markt, zunächst in den Sorten Orange, Zitrone und etwas später Apfel.
→ *Kapitel: Faszination Capri-Sonne / Eine Idee wird geboren / Pionierzeit*

1972
Der Prototyp einer Abfüllmaschine für Capri-Sonne wird von den WILD-Betrieben entwickelt und gebaut.
→ *Kapitel: Auf dem Weg zur modernsten Technik*

1973
Dr. Hans-Peter Wild, Sohn des Unternehmensgründers, tritt in die Firma ein.
Errichtung eines eigenen Maschinenparks zum Abfüllen und Verpacken von Capri-Sonne. Beginn mit dem Aufbau eines eigenen Vertriebs für Deutschland.

→ *Kapitel: Mit neuer Maschinengeneration in die Welt / Herausforderung Markt – Kampf um die Marke*

1976
Capri-Sonne wird nationaler Marktführer bei Getränken in flexibler Kleinpackung. Erste Exporte ins europäische Ausland.
→ *Kapitel: Herausforderung Markt – Kampf um die Marke*

1976 / 77
Beginn der internationalen Vermarktung von Capri-Sonne. INDAG liefert die erste komplette Capri-Sonne-Fabrik aus.
→ *Kapitel: Erste Abenteuer unter heißer Sonne / Mit neuer Maschinengeneration in die Welt / Going global / Unterwegs rund um den Globus*

1978
Gründung von RUDOLF WILD INTERNATIONAL zur weltweiten Vermarktung von Capri-Sonne und der INDAG-Technologie.
→ *Kapitel: Going global / Unterwegs rund um den Globus*
Erster USA-Auftrag.
→ *Kapitel: Go west – die Überraschung in der Neuen Welt*

1979
Muhammad Ali unterschreibt einen Werbevertrag mit Capri-Sonne.
→ *Kapitel: Mit dem Charisma des Champions / Unterwegs rund um den Globus*
Start der Produktion in den USA.
→ *Kapitel: Go west – die Überraschung in der Neuen Welt*
Erstes Engagement in Korea.
→ *Kapitel: Unterwegs rund um den Globus*

1980
Erster Produktionsstandort in Nigeria (Kaduna).

→ *Kapitel: Erste Abenteuer unter heißer Sonne*
Beginn der Produktion in Japan.
→ *Kapitel: Im Land der aufgehenden Sonne*

1981
Als erste deutsche Softdrink-Marke setzt sich Capri-Sonne auf dem amerikanischen Markt durch.
Neustart in Nigeria (Lagos).
→ *Kapitel: Unterwegs rund um den Globus*

1983
Goldmedaille in den USA für die »Verpackung des Jahres«. Capri-Sonne wird außerdem als die erfolgreichste Neueinführung in den USA ausgezeichnet.
→ *Kapitel: Marketingkonzepte für den guten Geschmack*
Beginn der Produktion in Réunion.
→ *Kapitel: Unterwegs rund um den Globus*

1984
Produktionsstart in Indonesien und in den Vereinigten Arabischen Emiraten (Dubai).
→ *Kapitel: Unterwegs rund um den Globus*

1989
In Guinea und Martinique entstehen Produktionen.
Lizenzvergabe an Takara in Japan.
→ *Kapitel: Im Land der aufgehenden Sonne*

1992
Capri-Sonne wird Marktführer in Europa.
→ *Kapitel: Herausforderung Markt – Kampf um die Marke*

1994
Marktführerschaft in den USA.
→ *Kapitel: Go west – die Überraschung in der Neuen Welt*
Start der Produktion in der Türkei.
Lizenzvergabe in England an Coca Cola / Schweppes.

1996
Produktionsstart in Südafrika.
→ *Kapitel: Unterwegs rund um den Globus*
Ausbau des Marktanteils in Deutschland auf über 30 Prozent.

1997
Produktionsstart in Thailand und in der Tschechischen Republik.
→ *Kapitel: Unterwegs rund um den Globus*

1998
Neuaufnahme der Produktion in Korea.
→ *Kapitel: Unterwegs rund um den Globus*
In Taiwan und in der Ukraine entstehen Produktionen.
→ *Kapitel: Unterwegs rund um den Globus*

1999
Beginn der Produktion in Saudi-Arabien.
→ *Kapitel: Unterwegs rund um den Globus*

2000
Start der interaktiven Homepage »FunWorld«.
→ *Kapitel: Mit dem Charisma des Champions*
In Deutschland steigt der Marktanteil von Capri-Sonne auf über 50 Prozent.

2001
Einführung von Capri-Sonne Big Pouch – Fun, Action, Energy.
Neue Werbekonzeption »Capri-Sonne Super Cool«
→ *Kapitel: Quintessenz und Firmenphilosophie*

Capri-Sonne in der Kunst

Spricht man mit jüngeren Menschen, die Ende der sechziger, Anfang der siebziger Jahre eingeschult wurden, hat so gut wie jeder eine Erinnerung, eine Anekdote parat, die mit Capri-Sonne in Verbindung steht. Das Lachen und die leuchtenden Augen verraten, wie eindringlich diese Kindheitserinnerungen bis zum heutigen Tag geblieben sind. Und seitdem der Schriftsteller und Mitverfasser dieses Buches Imre Török in seinem Bekanntenkreis erzählt hat, daß er über Capri-Sonne schreibt, genießt er unter den Kindern größtes Ansehen, zuvor hat den Kleinen der Beruf des Schriftstellers kaum etwas bedeutet.

Es verwundert also auch nicht, wenn eine Künstlerin des Jahrgangs 1966 zu einem Ausstellungsprojekt mit dem Titel »Adam und Eva 2000« eine Arbeit anfertigt, die den Capri-Sonne-Beutel samt Strohhalm zum Gegenstand der Kunst macht.

Mehr als tausend Künstler haben sich auf die Ausschreibung von DaimlerChrysler, Mercedes-Benz Niederlassung Stuttgart, zum Thema »Adam und Eva 2000« beworben.

Monika Thorwart erhielt für ihre Arbeit »Äpfel mit Birnen vergleichen« den hochdotierten Preis der Jury (Direktor: Dr. Wolfgang Ostberg, Leiter des Kulturamts der Landeshauptstadt). Die in Roetgen lebende Künstlerin arbeitet in erster Linie auf dem Gebiet der audiovisuellen Medien und wurde schon vier Jahre zuvor für ihre Videoinstallation »Fragmente der Weltliteratur« ausgezeichnet.

In einem Text, den Monika Thorwart als Bestandteil ihres Kunstwerks ansieht, wird der Bezug zur Capri-Sonne-Tüte näher erläutert:

»Die Idee, Adam und Eva 2000 als Torso in einer überdimensionalen Trinktüte à la Capri-Sonne zu verpacken, wurde durch folgende Assoziationskette ausgelöst: Adam – Eva – Apfel – Birne – zwei Geschlechter – zwei Geschmacksrichtungen. Jeder in seiner eigenen Tüte, jeder in seiner eigenen Nährlösung. Das ewige Problem der Unvereinbarkeit der Geschlechter in Zeiten von Körperkultur und Singledasein – da scheint es eine praktikable Lösung zu sein, im Supermarkt zwischen zwei Geschmacksrichtungen zu wählen und den Kopf gar nicht erst mitzukaufen.«

Im März 2001 haben die WILD-Werke das Kunstwerk der Monika Thorwart ersteigert. Die Gewinne aus der Versteigerung der Kunstprojekte im Anschluß an die Ausstellung »Adam und Eva 2000« flossen sozialen Einrichtungen zu.

Der Autor

Dr. Hans-Peter Wild, geboren 1941 in Heidelberg, studierte Jura und Betriebswirtschaft mit Abschlüssen an den Universitäten Heidelberg und Mannheim. Promotion zum Dr. jur.; Auslandsstudien in Cambridge und Sorbonne, Paris. Geschäftsführer einer Mineralölgesellschaft und Reederei in Bremen bis 1973. Seit 1974 Geschäftsleitung Wild-Werke/Heidelberg. Aufbau des Unternehmens von nationaler zu globaler Bedeutung; Ausbau des Markenartikels Capri-Sonne weltweit; vielfältige Akquisitionen im In- und Ausland. Investor in zahlreichen Unternehmungen. Ämter in inländischen und ausländischen Banken, Universitäten und Gesellschaften.

Der Mitverfasser

Imre Török, Jahrgang 1949, gebürtiger Ungar, hat in Tübingen Philosophie, Germanistik und Geschichte studiert und mehrere Bücher mit Erzählungen, Kurzgeschichten, Märchen sowie Sachbücher veröffentlicht (u.a. Ameisen und Sterne, Dichter am See, Cagliostro räumt Schnee am Rufiji, Vom Biß in den Apfel, VS-Handbuch. Ein Ratgeber für Autoren).
    Er ist Mitverfasser des Buches »Mythos MLP – Erfolgsgeschichte eines Finanzdienstleisters« sowie Vorsitzender des Schriftstellerverbands in Baden-Württemberg und Mitglied des PEN-Zentrums Deutschland.